अल्लमप्रभु

प्रतिभा का शिखर

अल्लमप्रभु

प्रतिभा का शिखर

प्रो. काशीनाथ अंबलगे

लोकभारती प्रकाशन

लोकभारती प्रकाशन
पहली मंजिल, दरबारी बिल्डिंग, महात्मा गांधी मार्ग
इलाहाबाद-211 001
वेबसाइट : www.lokbhartiprakashan.com
ईमेल : info@lokbhartiprakashan.com
शाखाएँ : 1-बी, नेताजी सुभाष मार्ग, दरियागंज
नई दिल्ली-110 002
अशोक राजपथ, साइंस कॉलेज के सामने
पटना-800 006
36 ए, शेक्सपियर सरणी, कोलकाता-700 017

पहला संस्करण : 2019

मूल्य : ₹ 300

बी.के. ऑफसेट
नवीन शाहदरा, दिल्ली-110 032
द्वारा मुद्रित

ALLAMPRABHU : PRATIBHA KA SHIKHAR
by Prof. Kashinath Ambalge

ISBN : 978-81-943648-7-0

पूज्य डॉ. बसवलिंग पट्टद्देवरु
हिरेमठ संस्थान, भाल्की (बीदर, कर्नाटक)
को

मेरी बात...

कन्नड़ साहित्य के इतिहास में बारहवीं सदी का वचन साहित्य कई दृष्टियों से विशेष साहित्य सन्दर्भ है। लगभग सैकड़ों की संख्या में शरण कवि-कवयित्रियों ने व्यष्टि और समष्टि हित को समान महत्त्व देते हुए वचन साहित्य की रचना की थी। भारत के दार्शनिक और साहित्य के इतिहास में पहली बार सभी निम्न जाति और नित्ल वर्ग के श्रमिकों ने अध्यात्म और सामाजिक हित का सरोकार रखते हुए स्तरीय साहित्य की रचना करते हैं। सर्व समानता, श्रमिक और दलित वर्ग की अस्मिता एवं स्त्री कुल का सम्पूर्ण विकास इस साहित्य काल की विशेष देन है।

विश्व साहित्य को कन्नड़ साहित्य की कोई देन हो सकती है तो वह वचन साहित्य है। महिला और दलित वर्ग के मानव सम्पन्नमूल का विकास चरम सीमा को छूता है। बहुत्व इस वचनान्दोलन का विशेष विचार है। श्रमिक वर्ग के हर क्षेत्र, स्त्री, पुरुष की प्रतिभा का प्रदर्शन यहाँ 'अनुभव मंटप' द्वारा अभिव्यक्त होता है।

वचन साहित्य आन्दोलन के प्रमुख वचनकार बसवेश्वर, अल्लमप्रभु, चन्नबसवण्णा, सिद्धरामेश्वर, मोळिगे मारय्या, हड़पद अप्पण, अक्कमहोदवी, उरिलिंग पेद्दी और काळव्वे, मोळिगे महादेवी आदि माने जाते हैं। सब शरण-शरणियों ने वचन साहित्य की रचना, अध्यात्मिक साधना, सब प्रकार की समानताओं का प्रयास में समान रूप से भागीदारी की है।

विश्व में विरल इस साहित्यिक आन्दोलन का परिचय और चिन्तन सम्भव हो इसलिए प्रमुख शरणों के व्यक्तित्व और कृतित्व पर ग्रंथ लिखने का प्रयास मैंने किया है। इस क्रम में 'बसवेश्वर : समता की ध्वनि', 'अल्लमप्रभु : प्रतिभा का शिखर', 'चन्नबसवण्णा' और 'सिद्धरामेश्वर' ग्रंथों का प्रकाशन हो रहा है, जो मेरे लिए अत्यन्त ही खुशी की बात है।

अब आपके हाथों में 'अल्लमप्रभु : प्रतिभा का शिखर' रखते हुए विनय और स्वाभिमान का अनुभव कर रहा हूँ। अल्लमप्रभु इस सहस्रमान की प्रतिभा माने जाते हैं। इस काल सन्दर्भ के शरणों में अल्लमप्रभु ज्ञान के धनी थे और सबके मार्गदर्शक भी। सब शरणों ने अल्लमप्रभु को 'अनुभव मंटप' का अध्यक्ष स्वीकार

किया था। शून्य, सीमातीत ज्ञान, सदैव चलनशीलता इनके व्यक्तित्व का स्वरूप माना जाता था।

ये घुमक्कड़ थे और कई बार देश की यात्रा कर चुके थे, ज्ञान के हर केन्द्र से इनका स्पर्श था।

इस ग्रंथ में प्रस्तावना, विभिन्न परिस्थितियों की पृष्ठभूमि, स्त्री अस्तित्व की गति स्थिति, अल्लमप्रभु के व्यक्तित्व और वचनों का चिन्तन एवं उनके 214 वचन आपके अध्ययन के लिए प्रस्तुत कर रहा हूँ।

यहाँ वचनों के हिन्दी अनुवाद में स्व. डॉ. एम.एम. कलबुर्गी जैसे विद्वान की बड़ी देन है, उनको मैं तहे दिल से धन्यवाद अर्पण करता हूँ। 'वचन' ग्रंथ में शिवशरण-शिवशरणियों के 2500 वचन हिन्दी में अनूदित हैं, जिसका प्रकाशन माननीय श्री अरविन्द जत्ती जी अध्यक्ष 'बसव समिति' बेंगलूरू के मार्गदर्शन और सहयोग से सम्भव हुआ है। 'वचन' ग्रंथ, 'बसव समिति' और अरविन्द जत्ती जी को मैं स्मरण करता हूँ एवं धन्यवाद अर्पण करता हूँ। वचनों के अनुवादक डॉ. तिप्पेस्वामी को सहृदय धन्यवाद देना मेरा सांस्कृतिक कर्तव्य बनता है।

यह ग्रंथ 'लोकभारती प्रकाशन' से प्रकाशित हो रहा है। इस प्रकाशन के आदरणीय श्री अशोक महेश्वरी जी के सहृदयी सहयोग के लिए धन्यवाद अर्पित करता हूँ व्यक्तिगत रूप से और सारे कन्नड़ साहित्य लोक की ओर से। मेरे प्रति महेश्वरी जी के स्नेह और सद्भावनाओं के प्रति धन्यवादाभिव्यक्ति के लिए कोई शब्द अधूरा पड़ रहा है। इसलिए सहज नमन करता हूँ।

ग्रंथ के सुन्दर निर्माण के कारण प्रकाशन के सभी सहयोगियों के सहयोग को प्यार से स्मरण करता हूँ।

सधन्यवाद।

—प्रो. काशीनाथ अंबलगे

क्रम

वचन साहित्य : एक प्रस्तावना

प्रवेशिका

भारतीय भाषा साहित्य में कन्नड़ साहित्य एक विशेष स्थान रखता है और इसकी श्रीवृद्धि में कन्नड़ साहित्य की विशेष देन है।

कन्नड़ साहित्य इतिहास की धारा में बारहवीं सदी का वचन साहित्य-युग सच्चे अर्थों में 'स्वर्ण युग' कहलाता है। 'वचन साहित्य', 'शरण साहित्य' नामों से भी प्रसिद्ध बारहवीं सदी के काल विशेष में कन्नड़ के कवि-कवयित्रियों ने, जो शिवशरण और शिवशरणिया कहलाते थे, कविताओं की रचना सामाजिक, आर्थिक, सांस्कृतिक और धार्मिक आन्दोलन के लिए की थी। काव्य सृजन इनके लिए साधन मात्र था, न कि साध्य।

लगभग सैकड़ों शरण कवि-कवयित्रियों ने समकालीन सन्दर्भ में व्यष्टि और समष्टि हित को समान रूप से महत्त्व देते हुए, वचन साहित्य की रचना की थी। आज लगभग सैकड़ों शिवशरण और पैंतीस से भी अधिक शिवशरणियों का वचन साहित्य उपलब्ध हुआ है।

'वचन' गद्य-पद्य का सम्मिश्रित सरल-सरस काव्य प्रकार माना जा सकता है। इसीलिए इनके साहित्य को 'वचन साहित्य' के नाम से पहचाना गया है।

इनके जीवन और लेखन, कथनी और करनी में सुन्दर समन्वय देखा जा सकता है। इसीलिए इनके काव्य में जीवन को देखने की स्वस्थ दृष्टि है। इन्होंने जो भी अनुभव किया उसे वाणी में अभिव्यक्त किया, जो भी अभिव्यक्त किया वही जीवन दर्शन बन गया। उनका जीवन दर्शन ही काव्य दर्शन था और वही उनकी जीवन शैली भी थी।

इस काल के लगभग सभी शरण रचनाकार निम्न जाति वर्ग के थे। सभी वृत्तियों के लोगों ने इस काव्य कर्म में भाग लिया था, जैसे—मोची, ढोर, धोबी, हज्जाम, लकड़ी बेचनेवाले, रस्सी बनानेवाले, किसान, नट, गायक, चावल कूटनेवाले आदि। यहाँ तक कि वेश्या सूळे (वेश्या) संकव्वे जैसी महिला भी

हृदय परिवर्तन से शिवशरणी बनी थी और उसने भी वचन की रचना की थी। इतनी बड़ी संख्या में और विशाल आयामों से आए हुए लोगों ने एक स्थान में, एक समय में, एक ही सामाजिक हित के लिए, आत्मबुद्धि एवं समाजशुद्धि के लिए मिलकर साहित्य की रचना की है जो दुनिया के सांस्कृतिक और साहित्यिक लोक में दुर्लभ उदाहरण है।

भारत के पाँच हजार वर्षों या जितना भी बड़ा इतिहास हो--के सांस्कृतिक और साहित्यिक इतिहास में सबसे पहली बार उपेक्षित वर्ग को बोलने का मुक्त अधिकार मिला और उनकी वाणी सार्थक काव्यवाणी बन गई।

एक समय में एक शेक्सपियर या वड्र्सवर्थ का होना, एक कालिदास या रवीन्द्रनाथ टैगोर का होना मेरे लिए या किसी भी स्वस्थ साहित्य प्रेमी के लिए--आश्चर्य की बात नहीं होनी चाहिए। यहाँ तो हर कोई महाकवि था, और कवयित्री महाकवयित्री थी।

संस्कृत से हटकर लोक प्रचलित कन्नड़ भाषा में लिखना पहली बार इन लोगों ने आरम्भ किया और विकास की दृष्टि से कन्नड़ भाषा चरम सीमा को छू गई।

कविता के उद्देश्य की दृष्टि से ये कवि अत्यन्त ही स्पष्ट थे। उनकी दृष्टि में कविता लोगों तक पहुँचकर उनके जीवन को ऊपर उठाने के लिए थी।

जैसा कि माओत्से तुंग ने कहा है—जिसे समूह का शिष्य बनने नहीं आता वह कभी उस समूह का गुरु नहीं बन सकता है। इन शरण-शरणियों ने आम आदमी के जीवन से बहुत कुछ सीखा था। इसीलिए इनके काव्य में आम आदमी का हृदय बोलता है और मार्गदर्शन पाता है।

स्त्री-मुक्ति, जातिवाद का नाश, धर्म के क्षेत्र में लोकतंत्र की स्थापना, श्रम-संस्कृति की श्रेष्ठता एवं सब प्रकार की समानता, कथनी-करनी का सुन्दर समन्वय, मनुष्य-केन्द्रित जीवन-चिन्तन शरण कवियों के काव्य की प्रमुख आवाज थी। समानता ही इनके लिए योग था (समते एंबुदे योग नोड।)

इसलिए विश्वास भरी एवं ऊँची आवाज में यह कहा जा सकता है कि विश्व साहित्य की पंक्ति में कन्नड़ के वचन साहित्य को खुले दिल से रखा जा सकता है।

वचन साहित्य के प्रमुख कवि हैं—बसवण्णा, अल्लम प्रभु, सिद्धराम, चन्नबसवण्णा, अंबिगर चौडय्या, नुलिय चन्दय्य, हडपद अप्पण्णा, अय्दक्को मारय्या, किन्नरी बोम्मय्य, मडिवाल माचय्य, मोळिगे मारय्य, तुरगाही रामण्ण, उरिलिंग देव, उरिलिंग पेद्दी, डोहर कक्कय्य, एकांतद रामय्य, नगेय मारितंदे, बहुरूपी चौडय्य, मरूळ शंकरदेव, धट्टिवाळय्य, अजगण्ण, वचन भांडारी शान्तय्य, कोलशान्तय्य, सोड्डुळ बाचरस और अन्य फुटकल शिवशरण।

वचन साहित्य की प्रमुख शरणी कवयित्रियाँ हैं—नीलांबिके, नागलांबिके, मोळिगेय महादेवी, काळव्वे आय्दक्की लक्कम्मा हडपद लिंगम्म, अमुगि रायम्म, सत्यक्क, केतल देवी, वीरम्म, दुग्गळे, गुड्डव्वे, बतादेवी, सूळे (वेश्या) संकव्वे, गगम्म, रेकम्म, मसणम्म, मुक्तायक्क आदि और कई फुटकळ शिवशरणियाँ।

किसी एक भारतीय भाषा का साहित्य ही भारतीय साहित्य नहीं अपितु भारत की किसी भी भाषा का साहित्य 'भारतीय साहित्य' ही है। वचन साहित्य की जनवादी जीवन दृष्टि का अध्ययन भारतीय स्तर पर हो और चर्चा-परिचर्चा का कारण बने—यही प्रेरणा इस ग्रन्थ की रचना के पीछे काम कर रही है।

धर्म, अध्यात्म, शिक्षा और अक्षर लोक से स्त्री वर्ग सदैव वंचित रहा है। किसी समाज और देश की अर्द्ध मानवशक्ति है वह, पर सदैव उपेक्षित। बारहवीं सदी के कन्नड़ साहित्य इतिहास में स्त्री ने अपने व्यक्तित्व की मानवशक्ति को पूर्ण रूप से पहचाना है। वचन साहित्य के माध्यम से उसने अपने स्व को अभिव्यक्त किया है। व्यक्ति और समाज के अन्तरंग-बहिरंग व्यक्तित्व को अक्षरों में उसने सुन्दर ढंग से काव्यात्मक अभिव्यक्ति दी है। सैकड़ों की संख्या में महिलाओं ने वचन साहित्य की रचना की होगी। आज लगभग नौ सौ वर्षों के बाद भी पैंतीस से अधिक महिलाओं का वचन साहित्य उपलब्ध होना कोई कम सांस्कृतिक आश्चर्य की बात नहीं है।

बारहवीं सदी की शिवशरणियों में वीर विरागिनी अक्कमहादेवी का नाम शीर्ष स्थान पर है। अक्कमहादेवी का व्यक्तित्व, बुद्धि-शक्ति, नैतिक-शक्ति, सौन्दर्योपासना की शक्ति, धर्मानुसंधान की शक्ति, अध्यात्म और प्रेमात्म की शक्ति का सुन्दर समन्वय था। सभी शिवशरणियों में अक्कमहादेवी के वचनों की संख्या अधिक है। अनुभव मंटप में वह केन्द्र बिन्दु के रूप में सबकी चहेती शिवशरणी थीं। काव्याभिव्यक्ति की महान प्रतिभा, भक्ति और विनय का उत्तुंग शिखर, असीम आत्मबल और साहस उनके व्यक्तित्व की अन्य सहज विशेषताएँ थीं।

बहुत्व वचन साहित्य की विशेषता

बहुत्व वचन साहित्य की विशेषता है। बहुजन वर्ग के श्रमिक यहाँ साहित्य की सृजनशीलता में लगे रहे हैं। एक वचनकार लिखते हैं कि 'करोड़ों वचन लिखकर थक गया हूँ।' इतनी बड़ी संख्या में, हर क्षेत्र के श्रमिकों ने, जनभाषा कन्नड़ में, अध्यात्म और समाजमुखी चिन्तन को समान रूप से अभिव्यक्ति देने की रोचकता, यह सब कैसे सम्भव हुआ होगा?

बड़ी सूक्ष्मता से और शान्तभाव से किसी भी प्रकार के पूर्वग्रह से मुक्त होकर यदि आप समग्र वचन साहित्य का अध्ययन करेंगे तो कई रोचक विचारों से आप अवश्य ही प्रभावित होंगे। यहाँ सब वचनकारों ने चर्चा-परिचर्चाओं में भाग लिया था, भीतरी चर्चा और विमर्श एवं एक दूसरों के वचनों की चर्चा और विमर्श यहाँ हुआ है। अल्लम प्रभु को सभी गुरु समझते थे और सबने उनके ज्ञान शिखर का लाभ उठाया है। अल्लम प्रभु बसवेश्वर को गुरु कहते हैं और अपने गुरु मात्र नहीं बल्कि बसवेश्वर को तो सबके गुरु समझते हैं अल्लम। अक्कमहादेवी के वचनों की श्रेष्ठता की प्रशंसा सिद्धरामेश्वर करते हैं तो सिद्धरामेश्वर के वचनों को अक्कमहादेवी श्रेष्ठ समझती हैं। चन्नबसवण्णा तो आयु में सबसे छोटे थे पर ज्ञान की दृष्टि से सबने उनके ज्ञान को स्वीकार किया था। तात्त्विक दृष्टि से सूक्ष्म चिन्तन उनके वचनों की विशेषता रही है। वे सबको मार्गदर्शन करते थे।

प्राय: अनुभव और अनुभाव के इस प्रकार मुक्त लेन-देन से एक सामूहिक चिन्तन की गरिमा बढ़ाने का विश्व में यह एक विरल मिसाल था। विश्व में प्राय: समकालीन लेखक-चिन्तक समूह सदैव एक-दूसरों की उपेक्षा करके एक-दूसरों को पीछे छोड़ने के उदाहरण ही जीवित हैं। पर यहाँ वचन साहित्य के सन्दर्भ में प्रत्येक वचनकार दूसरे वचनकारों की प्रतिभा के विकास में पूरक रहे हैं। प्राय: इसीलिए स्वस्थ समाज के लिए स्वस्थ साहित्य के उत्पन्न की जनवादी सांस्कृतिक घटना यहाँ सम्भव होना देखने को मिलती है। इतनी बड़ी संख्या में वचनकारों की अधिक संख्या में वचनों की रचना का कारण भी यही रहा है कि इन्होंने काव्य को एक सामूहिक और सामाजिक चेतना के रूप में स्वीकार किया था।

एक यह भी विचार वचन साहित्य को लेकर मुझे बार-बार लगा है और लिख भी रहा हूँ कि यहाँ पांडित्य, प्रतिभा और काव्य की सृजनशीलता का बहुत बड़ा विकेन्द्रीकरण हुआ था। जानवर चरानेवाला दनगाही रामण्णा (जानवर चरानेवाला रामण्णा) एवं सूळे संकव्वे (वेश्या संकव्वे) तक ने वचन काव्य की रचना की थी। इनको किसी भी समाज का अन्तिम नागरिक कह सकते हैं। सृजनशील अभिव्यक्ति में इनकी भागीदारी ने वचन साहित्य के स्तर को ऊँचा स्थान दिया है। यहाँ संस्कृत ही श्रेष्ठ नहीं है बल्कि जनभाषा कन्नड़ भी श्रेष्ठ है। पंडित वर्ग को ही लिखने का अधिकार नहीं है बल्कि कोई श्रमिक भी श्रेष्ठ साहित्य लिख सकता है। कोई विश्वविद्यालय अथवा स्थापित विद्याकेन्द्र या राजाश्रित विद्वान मंच ही श्रेष्ठ नहीं है बल्कि प्रतिदिन अनुभव मंटप में सब बैठकर जो चिन्तन-मंथन करते हैं वही श्रेष्ठतम तत्त्व दर्शन है, साहित्य दर्शन है और जीवन दर्शन है।

वचन साहित्य सन्दर्भ की एक रोचक विशेषता की ओर भी पाठकों का ध्यानाकर्षित करने की मेरी इच्छा हो रही है। यहाँ शासक श्रमिक बनने के लिए बड़े उत्सुक हैं। कश्मीर के राजा और उसकी पत्नी अनुभव मंटप के सदस्य बनकर अध्यात्म और सत् चित् आनन्द की प्राप्ति के लिए कल्याण आकर मोळकेरी नामक गाँव में रहकर, लकड़ी जंगल से लाते थे और बेचकर कायक से जीवनयापन करते हुए शरण संकुल के चिन्तन में भागीदारी करते थे। बसवेश्वर बिज्जळ राजा के यहाँ भंडारी थे और शाम तक कर्तव्य कर राजपोशाक शाम को निकालकर रखते थे एवं सरल शरण वेशभूषा में अनुभव मंटप की ओर चल पड़ते थे।

उरिलिंग पेद्दी एक बहुत बड़े मठ के मठाधीश थे, कई मठ इनके अधीन में थे। पर इन सबको त्यागकर उरिलिंग पेद्दी कल्याण की ओर पत्नी के साथ चल पड़ते हैं और एक सरल कायक करते हुए अनुभव मंटप में प्रभाग लेते हैं। यह इस जनवादी जनहित दृष्टि देने की स्वस्थ नजरिया वचन साहित्य की रही है। इसीलिए इसका विस्तार बड़ा है, भाषाभिव्यक्ति की शक्ति गहरी है, सदैव जीवन के स्तर को ऊपर उठाने के लिए वचन साहित्य जागरूक एवं प्रतिबद्ध है।

वचन साहित्य विधा पर अभी भी दो-चार विचार विस्तार कर सकते हैं। बारहवीं सदी के वचन साहित्य सन्दर्भ का 'वचन' एक विशेष प्रकार की 'काव्य विधा' है। वचन 'पद्य प्रकार' तो है पर इसे सरलता, सरसता और संक्षिप्तता के साथ सरस गद्य लय में रचित 'गपद्य' रूप कहा जा सकता है। वचन के रचनाकार 'वचनकार' और 'वचनकार्ती' कहलाते हैं। यह भक्त और भगवान के बीच संवाद है पर सदैव यहाँ सामाजिक चेतना जागृत है। हर वचनकार सामान्यत: अपना नाम नहीं, बल्कि अपने आराध्य देव का नाम वचनांकित के रूप में रखता है। उदाहरण के लिए बसवेश्वर का वचनांकित है 'कूडलसंगमदेव', अल्लम प्रभु का 'गुहेश्वर', अक्कमहादेवी का 'चन्नमल्लिकार्जुन' इत्यादि।

'वचन साहित्य' की यह भी विशेषता है कि किसी एक युग में एक ही काल सन्दर्भ में इतनी बड़ी संख्या में वचनकारों ने वचन साहित्य की रचना की है। वह रचना चर्चा-परिचर्चा केन्द्रित है। 'अनुभव मंटप' में जो 'अनुभाव मंटप' भी था, सब शरणकुल जमा होते थे और अध्यात्ममुखी और समाजमुखी चर्चा करते थे और उसका सृजनशील उत्पन्न होता था 'वचन साहित्य'। इन वचनकारों में राजा और रंक, मंत्री और दंडनायक, जुलाहे, धोबी, नाइंद, व्यापारी, बढ़ई, किसान, मजदूर, चावल बीननेवाला, झाड़ू लगानेवाला, स्त्री-दलित सब समाहित थे।

बहुत्वमुखी कवि लेखक बहुत्वमुखी चिन्तन वचन में अभिव्यक्ति देते थे। कहा गया है कि लगभग 300 से अधिक वचनकार एवं 35 से अधिक वचनकार्तियाँ रही होंगी। इनका तात्त्विक विचार प्रधानत: भक्ति-कायक-दासोह-समानता केन्द्रित था। इसका विस्तार 'वचन' में एकेश्वरवाद जगत सत्य है, जगत शिवमय और कल्याण मार्ग का कार्यागार है, जातिवाद और अस्पृश्याचरण का खंडन, समानता की ऊँची आवाज में प्रतिपादन, दैहिक परिश्रमप्रधान सत्य शुद्ध उद्देश्यों का कायक, गृहस्थ जीवन साधना मार्ग में बाधक नहीं, स्त्री को समान और गौरवपूर्ण स्थान और उसके अस्तित्व का पूर्णरूपेण स्वीकार, कथनी-करनी में समानता, कर्मकांड और यज्ञ यागादि का निराकरण, अन्धविश्वास का खंडन, संग्रह प्रवृत्ति की दुराशा का दूरीकरण इन विषय विचारों के चौतरफा घूमते-फिरते रहता है वचन साहित्य। 'वचन' रचना द्वारा कन्नड़ भाषा की अभिव्यक्ति शक्ति का विकास चरम बुलंदी का स्पर्श करता है। इनके वचन साहित्य में 'व्यष्टि-समष्टि' का सुन्दर समन्वय सदैव उपस्थित है। समाजोद्धार के लिए वचन साहित्य है, वचन साहित्य सोद्देश्य है, जनहित में है।

विश्व के साहित्य पाठक : कन्नड़ वचन साहित्य की ओर...

कन्नड़ के वचन साहित्य की साहित्यिक और सामाजिक शक्ति सर्वोपरि है। विश्व के साहित्य पाठकों को विशेष रूप से अपनी ओर आकर्षित करने के कई स्वभाव गुण इसमें निहित है। इस साहित्य के बहुत्व गुण अन्य भाषा साहित्य में देखने को नहीं मिलेगा।

लगभग तीन सौ से अधिक श्रमिक वर्ग के कवि कवयित्रियों ने यहाँ वचन नामक काव्य की रचना की है, साहित्यिक चिन्तन किया है, साहित्य और सामाजिक आयामों के समन्वय का स्वस्थ विवेचन इन्होंने प्रस्तुत किया है। कई रीतियों की असमानताओं के समाज को 'समता ही एक योग है' जैसे सार्वकालिक महत्त्व की घोषणा और लेखन इनका रहा है।

महिलाएँ इस दुनिया में सदैव ही उपेक्षित रही हैं, उनको सामाजिक भागीदारी से दूर रखकर साहित्य एवं सांस्कृतिक लोक में हासिये पर रही हैं वह। पर इस वचन साहित्य के सन्दर्भ में महिला अपने व्यक्तित्व विकास की बुलंदी पर पहुँच चुकी थी ऐसा लगता है। आज लगभग नौ सौ वर्षों के बाद पैंतीस से अधिक वचनकार्तियों का वचन साहित्य उपलब्ध होना परमाश्चर्य तो है ही, और यह सुनकर दु:ख भी होता है कि वैश्विक साहित्य सिनारियो में इसका उल्लेख उपलब्ध नहीं है। अनुभव और अनुभाव, साहित्य में सृजनशीलता और चिन्तन मंथन, पुरुष वर्ग

के वचनकारों के साथ स्त्री का समान रूप से लिखना उठना बैठना, पुरुष वर्ग को कई सन्दर्भों में नीतिपाठ करके मार्गदर्शन करना विशेष विचार है। इन वचनकारों ने अध्यात्म, समाजमुखी चिन्तन के लिए, काव्य और भाषा की सूक्ष्मताओं की चर्चा-परिचर्चाओं के लिए एक 'अनुभव मंटप' (Intellectual Parliament) की स्थापना की थी। उसकालीन सब शरण संकुल में महाप्रतिभावान घुमक्कड़ फक्कड़ जंगम (चलनशील) जीवी अल्लम प्रभु को अनुभव मंटप की अध्यक्षता का स्थान दिया गया था। अनुभव मंटप के सदस्यों के लिए यह अनिवार्य था कि हर किसी को कोई न कोई कायक करना चाहिए। आजीविका के लिए दिन भर सत्य शुद्ध कायक (परिश्रम) करो और शाम को अनुभव मंटप के चिन्तन में सक्रिय भागीदारी करो। हर एक सदस्य को अपने व्यक्तित्व में 'समानता के तत्त्व' को समझना अनिवार्य है। तो विश्व के साहित्य पाठक इसे पढ़ना क्या पसन्द नहीं करेंगे? मैं समझता हूँ कि विश्व के हर पाठक को जो साहित्य में रुचि रखता है यहाँ रोचक अनुभव होगा। उनके इस साहित्य के आमने-सामने होने से व्यक्तित्व में अल्प मात्र तो हलचल होगी।

ऐसा एक वास्तविक वैश्विक अनुभव सुनाने के लिए भी ऐसी प्रस्तावना की बातें कर रहा हूँ। मेरा एक लेखक मित्र है प्रो. टी.वी. कट्टीमनी जो आज एक अन्तर्राष्ट्रीय आदिवासी केन्द्रीय विश्वविद्यालय के कुलपति भी हैं। अपनी एक सांस्कृतिक आदान-प्रदान की योजना में वे बेल्जियम गए थे और एक विश्वविद्यालय में कन्नड़ साहित्य पर बोलने के लिए उनसे विनती की गई थी। उनके भाषण के अन्त में सामने बैठी एक युवा महिला पत्रकार प्रश्न करती है कि What do you mean by 'इस्टलिंग'? 'कायक' 'दासोह' का क्या अर्थ है? विस्तार से समझाने की विनती करती है। किसी प्रकार इन्होंने समझाया और कार्यक्रम के बाद चायपान के सन्दर्भ में उस महिला से पूछते हैं कि 'आप इस इस्टलिंग, कायक, दासोह के सम्पर्क में कैसे आईं?' वह कहती है कि मैंने बनारस में ये किताबें देखी थीं— 'बारहवीं सदी की कन्नड़ कवयित्री अक्कमहादेवी और स्त्री विमर्श', 'बारहवीं सदी की कन्नड़ कवयित्रियाँ और स्त्री विमर्श'। देहली में 'राधाकृष्ण प्रकाशन' से मैंने ये किताब परचेज किया है।

आज भारत के बाहर सैकड़ों देशों में हिन्दी विभाग है और लोग इसमें रुचि लेकर हिन्दी पढ़ रहे हैं। भारत को जानने के लिए भी वहाँ उत्सुकता है। यह आज की वैश्विक, सांस्कृतिक एवं भाषाई स्थिति-गति है।

उस महिला के संवाद को लेकर डॉ. कट्टीमनी जी लिखते हैं कि 'हमारे बसवण्णा और अक्कमहादेवी ने यूरोपीय पाठकों के चित्त में हलचल कर दिया है। अंबलगे एक 'अनिवार्य आदत' की तरह हिन्दी में वचन साहित्य पर लिख

रहे हैं। मुझे बेहद खुशी होती है कि वचन साहित्य को वैश्विक मंच पर पहुँचाने का सार्थक काम हो रहा है। वचन साहित्य में वैश्विक मंच से पढ़े जाने की शक्ति भी है।'

मुझे वचन साहित्य पर हिन्दी में काम करते समय यह विचार एक ऑक्सीजन की तरह प्रेरित करता है। तेजस्वी ने कर्नाटक साहित्य अकादमी से प्रकाशित किताब में 'अंबलगे के हिन्दी लेखन' जैसा एक लेख भी लिखा है।

इन बातों का जिक्र मैं यहाँ इसलिए भी कर रहा हूँ कि हमें यह भलीभाँति पता चले कि विश्व साहित्य के मंच पर वचन साहित्य उपलब्ध हो।

विभिन्न परिस्थितियाँ

राजनीतिक

लगभग ग्यारहवीं सदी से उत्तर भारत की राजनीतिक परिस्थितियों में तीव्र परिवर्तन दिखाई देते हैं। इसी प्रकार दक्षिण भारत में भी विशेष राजनीतिक उथल-पुथल दिखाई देती है।

कन्नड़ के बरावी और शिवशरणों के वचन साहित्यकालीन राजनीतिक परिस्थितियों का महत्त्व इनके साहित्यिक और धार्मिक-सामाजिक क्रान्ति के कारण से ही बढ़ जाता है।

सन् 1105 से 1350 तक के दो सौ वर्ष के कर्नाटक के इतिहास में प्रारम्भिक सौ वर्षों के प्रथम काल की महत्त्वपूर्ण घटना है—कल्याण के चालुक्य वंशीय राजाओं का पतन और कलचूरी राजा बिज्जळ की उन पर विजय।

इनका शासन काल अत्यन्त ही छोटा था। कलचूरी राजा बिज्जळ के शासनकाल में कोई शान्ति-समृद्धि या स्थिरता नहीं थी। इनके शासन का महत्त्व बसव और अन्य शरणों के साहित्यिक, धार्मिक और सामाजिक क्रान्ति का कारण था। मात्र शरणों के धार्मिक और साहित्यिक कार्यों से इतिहास में बिज्जळ का अध्ययन हुआ करता था।

बसवेश्वर, बिज्जळ के मंत्री थे और साथ ही वचन साहित्य की रचना धार्मिक एवं सामाजिक परिवर्तन के लिए करते थे।

धार्मिक

कर्नाटक में बसवेश्वर और अन्य शिवशरणों की पूर्वकालीन धार्मिक परिस्थिति अत्यन्त ही हीनावस्था में थी। धर्म में कई प्रकार की ऊँच-नीच की भावना थी। धर्म मानवीय भावनाओं को त्यागकर संकीर्ण बन गया था। कई प्रकार के धर्म-उपधर्म की गलियों में मनुष्य भटका हुआ था। धर्म के नाम पर सामान्य लोगों का शोषण

हुआ करता था और कई प्रकार के अत्याचार, अन्याय और बलि आदि धर्म की आड़ में चलते थे। जाति-उपजातियों में संघर्ष सामान्य बात हो गई थी। समाज ब्राह्मण, क्षत्रिय, वैश्य और शूद्र जैसे वर्गों में विभाजित था। उच्च जाति के ब्राह्मण अपने आपको धर्म का ठेकेदार समझते थे और दूसरों का शोषण करते थे। तद् युगीन सब प्रकार की सुविधाएँ ब्राह्मणों के यहाँ केन्द्रित थीं। इसीलिए अनिष्ट जाति पद्धति के मूल वर्ण को बसवण्णा ने चुनौती दी और कहा कि उद्योगों के अनुसार आदमी को पहचाना जाना चाहिए :

> 'वर्णानां किं प्रयोजनं?' इसीलिए / लोहा गरमाया लोहार कहलाया / कपड़ा धोया धोबी कहलाया / सूत ताना जुलाहा कहलाया / वेदपाठ किया विप्र कहलाया, जग में कान से कोई पैदा हुआ है?

शूद्रों का जीवन तो पशु-पक्षियों से भी गिरा हुआ था। अस्पृश्य गाँव से हटकर दूर झोंपड़ियों में रहते थे। इनको घंटी बजाते हुए गाँव में प्रवेश करना पड़ता था ताकि उच्च वर्ग के लोग इनकी छाया से भी बच सकें। उच्च जाति के लोगों की वाणी ही दूसरों के लिए धर्म था, और कोई प्रश्न भी नहीं कर सकता था। लोगों के धर्माचरणों में धर्म की बातें कम और श्रद्धा अधिक थी। धर्म के नाम पर वामाचार अत्यन्त ही असह्य था। अन्धश्रद्धाओं में जकड़े लोगों की मानसिकता की ओर डॉ. पि. बि. देसाई ने इशारा किया है कि :

'Religion, religious dogmas, religious observances and superstitions held men and their minds under their firm grip. Vedic Sacrifices were performed and animals were Immolated'.

लोग यह मानते थे कि गाँवों की चारों दिशाओं में अनिष्ट शक्तियाँ वास करती हैं और इनकी असन्तुष्टि के कारण बीमारियाँ फैलती हैं। इसलिए इन्हें प्रसन्न करने के लिए लोग, दर्गम्मा, कबम्मा, चौड़म्मा आदि ग्राम देवताओं की उपासना करते थे। इनको प्रसन्न करने के लिए पशुबलि चढ़ाना, अग्नि पर चलना और इनके लिए जात्रा महोत्सव करना आदि अन्ध श्रद्धाओं से मनुष्य घिरा हुआ था। इन शक्ति-देवियों के उत्सवों में पशुबलि, स्त्रियों की नग्नसेवा और कहीं-कहीं तो नर बलि भी दी जाती थी।

मूर्तिपूजा की प्रधानता थी इसलिए असंख्य मन्दिर और मठों के निर्माण हुए धार्मिक जीवन में पुजारियों की प्रधानता थी। मन्दिरों में धर्म की साधना नहीं बल्कि ऐश की आराधना होती थी। ये शोषण और धनार्जन के केन्द्र बन गए थे। अपना-अपना स्वार्थ साधने के लिए उच्च जाति के लोगों ने मन्दिरों का पूरा-पूरा दुरुपयोग किया। देवदासी पद्धति प्रचलित थी। देवदासियों ने देवताओं को नृत्य

चढ़ावे के स्थान पर पुजारी और उच्च जाति के लोगों को अपना शरीर दिया। इसीलिए बसवेश्वर ने मन्दिर निर्माण का विरोध किया होगा :

धनवान शिव मन्दिर बनवाते हैं,
मैं गरीब, मैं क्या कर सकता हूँ।
मेरे पैर ही मीनार, शरीर ही मन्दिर,
शिर ही सोने का मुकुट है,
कूडल संयमदेव! जड़ नाशमय है चेतन अविनाश है।

लेकिन कुछेक मठ-मन्दिरों ने सांस्कृतिक केन्द्र बनकर शिक्षा-प्रसार का काम किया लेकिन अधिकांश मठ-मन्दिर और तीर्थ अन्धभक्ति, अज्ञान और शोषण के केन्द्र थे। वेदशास्त्र का अध्ययन भी स्वार्थ साधने के लिए हुआ करता था। उनके यथार्थ ज्ञान से सामान्य लोगों को दूर रखा गया था। पशुबलि और जड़ कर्मकांड के वेदशास्त्रों का खंडन इन शिवशरणों ने इसीलिए किया है।

सैकड़ों देवों की आराधना में फँसे हुए मनुष्य की बुद्धि पर अज्ञान की चादर फैली हुई थी। लोगों को अन्धविश्वास और अज्ञान के दलदल से मुक्त करने का शिवशरणों का प्रयास एक महान कार्य था।

उच्च जाति और वर्ग के लोगों ने समाज का शोषण करने के लिए धर्म को माध्यम बनाया था। वेदाध्ययन का अधिकार स्त्री और शूद्रों को नहीं था। नारी की स्थिति अत्यन्त ही दयनीय थी। वह किसी प्रकार के संस्कार के योग्य नहीं मानी जाती थी। वह भोग की वस्तुमात्र थी। होम-हवनादि अर्थहीन आचरणों की भरमार थी।

भाग्यवादी लोगों की मानसिकता यह सोचकर शान्त थी कि जो मिलता है उसे स्वीकार करना चाहिए, यह सब पूर्व जन्म का फल है। लोग शगुन-भविष्य आदि पर अधिक आश्रित थे।

जब एक समूचे समुदाय के जीवन में इस प्रकार का अज्ञान फैला हुआ हो तो उस पर विचार करना, क्रान्ति की ओर ले जाना अत्यन्त आवश्यक होता है। शिवशरणों ने समाज को इसी ज्ञान प्रकाश की ओर ले चलने का काम किया था।

सामाजिक

शिवशरणों का पूर्वकालीन समाज अत्यन्त ही हीनावस्था में था। अशान्ति, अतृप्ति, संघर्ष और सामाजिक मूल्यों का नाश, धर्म का अध:पतन तत्कालीन समाज

का पतित रूप था। कई प्रकार की असमानताओं से समाज विषैला बन चुका था। उच्च-नीच जातियाँ, उद्योग में श्रेष्ठ-कनिष्ठ, आर्थिक दृष्टि से अमीर-गरीब, स्त्री-पुरुष भेद, और इसी प्रकार की अन्य असमानताओं से समाज रोगग्रस्त बन गया था। कथनी-करनी, अन्तरंग-बहिरंग में विभेद, स्वउद्योग में निष्ठा का अभाव और बाह्याडम्बर में जीवन व्यतीत करता हुआ, अनीतियों और धर्मान्धता के पंजे में सामान्य मनुष्य जकड़ा हुआ था। इस प्रकार समाज असन्तुष्ट था।

खेती उस युग का प्रमुख उद्योग था। लुहार, कुम्हार, जुलाहा, मोची और धोबी आदि अपने-अपने उद्योग करते थे। ये उद्योग वंश परम्परा से चल रहे थे। वैश्य व्यापार करते थे। दूसरे लोग आवश्यक वस्तु इनसे खरीदते थे।

जाति-पद्धति प्रचलित थी। ब्राह्मण, क्षत्रिय, वैश्य, शूद्र जैसे वर्ण में समाज बँट गया था। यों तो वर्ण पद्धति के कठोर नियम ढीले पड़ गए थे। और कई प्रकार की जाति-उपजातियों का निर्माण हो चुका था। ब्राह्मण इनमें उच्च क्षेत्रीय शासन के अधिकारों का अनुभव करते थे और समाज में वैश्यों और शूद्रों की उपेक्षा थी। क्षत्रियों को ब्राह्मणों से शिक्षा मिलती थी। शिक्षा, धर्म, उपनिषद और वेदाध्ययन ब्राह्मणों की सम्पत्ति बन गई थी।

चातुर्य वर्ण के अलावा एक वर्ग अस्पृश्यों का था जिनका जीवन कुत्तों से भी गिरा हुआ बन गया था। अछूतों की छाया से भी उच्च वर्ग के लोग बचते थे। उनके साथ खान-पान के सम्बन्धों की कल्पना भी नहीं की जा सकती थी। समाज के सभी वर्गों की सेवा करने पर भी गाँव से दूर झोंपड़ियों में सांसारिक सुख-सुविधाओं से वंचित होकर उन्हें रहना पड़ता था। अस्पृश्यों की स्थिति अत्यन्त ही दयनीय थी। इस अन्त्यज का तो नाम तक नहीं होता था। इस प्रकार शूद्र और अस्पृश्यों का जीवन अत्यन्त ही दयनीय और हीन था। शारीरिक दृष्टि से वे मनुष्य लगते थे पर मनुष्य की सुविधाएँ उन्हें प्राप्त नहीं थीं। इसीलिए बसवेश्वर ने स्पष्ट रूप से जाति-पद्धति का विरोध किया और कुल को निष्प्रयोजक बताया है।

ब्राह्मणों के बाद समाज में दूसरा स्थान क्षत्रियों का था। यज्ञ आदि करने, शिक्षा प्राप्त करने का अधिकार इन्हें था। मृत्युदंड से ये मुक्त थे। तीसरा स्थान वैश्यों का था। ये व्यापार करते थे। समाज में चौथा स्थान शूद्रों का था जिनका सारा जीवन उच्च जाति के लोगों की सेवा में बीत जाता था। समाज में इन्हें न कोई अधिकार था न कोई सुविधा। अन्तिम और अत्यन्त ही उपेक्षित वर्ग अस्पृश्यों का था।

इन जाति और वर्गों के अतिरिक्त कई प्रकार की जाति-उपजातियाँ बन चुकी थी। सोड्डल-बाचरस का एक वचन, यह स्पष्ट करता है कि किस प्रकार

उस युग में पुरुष के भिन्न-भिन्न अंगों से भिन्न-भिन्न जातियों की कल्पना की गई थी :

मस्तक ब्राह्मण, नयन क्षत्रिय,
नाक बनिया, अधर खेतिहर
चोटि ब्राह्मण, नेत्र क्षत्रिय
नाक बनिया, अधर किसान,
कान ग्वाल, गर्दन कुम्हार
बाँहें पंचाल, हथेली गौड़ी
नख हज्जाम, पेट डोंब
पीठ धोबी, त्वचा जुलाहा।

अन्तरजातीय विवाह का उस समाज में विरोध था। धर्मशास्त्र में विवाह की अनुलोम पद्धति की अनुमति थी। नरेशों की बहुपत्नियाँ होती थीं। प्रत्येक जाति में कई उपजातियाँ होती थीं और उन उपजातियों में ही विवाह होते थे। छोटी आयु में विवाह होते थे।

शिवशरण पूर्व युगीन समाज में नारी की अत्यन्त दयनीय स्थिति थी। वह भोग की वस्तु, पाप की पिटारी और साधना के मार्ग में बाधा डालनेवाली पापिन मानी जाती थी। उस युगीन सामाजिक व्यवस्था की विडम्बना है कि शूद्र और स्त्री किसी प्रकार के संस्कार के अयोग्य माने जाते थे, और माना जाता था कि वह किसी प्रकार के स्वातंत्र्य के योग्य नहीं। स्त्री को बाल्यावस्था में पिता पर, यौवनावस्था में पति पर, और वृद्धावस्था में पुत्र पर निर्भर रहना पड़ता था। नारी सम्बन्धी मनु का यह श्लोक प्रसिद्ध है :

पिता रक्षति कौमारे, भर्ता रक्षति यौवने
रक्षति स्थाविरे पुत्रा, न स्त्री स्वातंत्र्यमर्हति।

वैदिक और जैन धर्म स्त्री को मुक्ति प्राप्ति के योग्य नहीं मानते थे। जीवन की कोई सुविधा नारी को प्राप्त नहीं थी जो पुरुष को थी। शिक्षा से वंचित नारी को पुरुष की छाया के समान जीवन व्यतीत करना पड़ता था। सती प्रथा प्रचलित थी। अपमानजनक, उपेक्षित विधवा जीवन से ऊबकर सती होना ही वह श्रेष्ठ समझती थी। क्षत्रियों में यह पद्धति अधिक थी। स्त्री की इच्छा-अनिच्छा की उपेक्षा कर उसे मृत पति के साथ जला दिया जाता था। इस प्रकार उस समाज में हजारों बन्धनों में बँधी स्त्री सजीव शव थी। नारी को इस दलदल से मुक्त करने के लिए शिवशरणों ने स्त्री-पुरुषों की समानता की घोषणा कर दी और समग्र व्यक्तित्व विकास की सुविधाएँ उसे दी गई।

कुछेक मठ-मन्दिरों ने सामाजिक जीवन को सुखी करने का प्रयास किया था। ये सांस्कृतिक और विद्या के केन्द्र होते थे। लेकिन अधिक संख्या में मठ-मन्दिर अज्ञान, अविद्या, अन्धश्रद्धा, स्वार्थ और शोषण के केन्द्र बन चुके थे।

भेदभावना की वृत्ति ने समाज को टुकड़े-टुकड़े कर दिया था। ब्राह्मण का पुत्र ब्राह्मण और कुम्हार का पुत्र कुम्हार ही हो सकता था। ब्राह्मण मात्र वेदशास्त्राध्ययन से हटकर अन्य उद्योग कर सकता था लेकिन शूद्र या अस्पृश्य ऐसा नहीं कर सकता था।

समाज की इस व्यवस्था ने ब्राह्मणेतरों को प्रगति की ओर जाने से रोका था। मेहनतवाले सारी सुविधाओं से वंचित थे, ब्राह्मण, राजा, मठाधीश, मंत्री, पुजारी आदि दूसरे के मेहनत का फल भोग रहे थे। अन्धश्रद्धा, आलस्य, अज्ञान, स्वार्थ, जड़ परम्पराओं ने समाज को कमजोर बना दिया था। धार्मिकाचरण का प्रतीक देवदासी ने वेश्यावृत्ति का रूप ले लिया था।

इस प्रकार कई प्रकार के विचित्र और भयंकर अन्धविश्वासों के जाल में समाज जकड़ा हुआ था। स्त्री की उपेक्षा सब जाति और वर्गों में थी।

कन्नड़ के शिवशरण कालीन समाज की रचना और परिस्थितियाँ उपरोक्त कह दी गई हैं। समाज के जागरूक और सजग प्रहरी बसवेश्वर और अन्य शिवशरणों ने धार्मिक क्रान्ति द्वारा सामाजिक और साहित्यिक क्रान्ति कर दी। सब प्रकार से समान समाज की स्थापना उनका उद्‌देश्य था। इसी उद्‌देश्य की प्राप्ति के लिए इन्होंने काव्यशास्त्र का प्रयोग किया था। इस प्रकार के काव्य का अध्ययन उसकी सामाजिक चेतना की दृष्टि से करना अपने आप में महत्त्वपूर्ण स्थान रखता था।

साहित्यिक

बारहवीं सदी के शिवशरणों के पूर्वकालीन संस्कृत प्रधान साहित्य का बहुत बड़ा भाग बहुत बड़ी संख्या में लोगों के लिए बहुत बड़ा शून्य (Zero) था। राजाश्रय में रहकर परम्परावादी पंडितों ने चम्पूकाव्य की रचना की। राजा-महाराजाओं, पंडितों और वैद्यों का दासी कन्नड़-साहित्य संस्कृत के शिकंजों में सिसकियाँ ले रहा था।

लोग यह मान रहे थे कि काव्य प्रतिभा ईश्वर की देन है, पूर्वजन्म के पुण्य मात्र से ही कोई काव्य रचना की शक्ति प्राप्त कर सकता है। राजाश्रित वह साहित्य उन नरेशों की शृंगारिक मानसिकता को तृप्त करने में ही धन्य समझता था और आश्रयदाता नरेशों को चाँद, सूरज, वीराधिवीर, अरिकेसरी आदि बढ़ा-चढ़ाकर वर्णन करने में वह तृप्त था। इनके राजा इनकी रचनाओं में महाभारत के वीरनायक थे। ये रचनाएँ सामान्य लोगों तक जाने, आलोचकों से आलोचित और चर्चित होने,

ज्ञानवृद्धि करने के लिए नहीं, बल्कि राजा की प्रशंसा प्राप्त करने और पूजागृहों में पूजित होने के लिए थीं। सामान्य लोग, शूद्र और अस्पृश्यों एवं स्त्री के लिए साहित्य अस्पृश्य और जड़ वस्तु थी।

ग्यारहवीं सदी का कन्नड़ साहित्य शास्त्र-साहित्य (रीति साहित्य) माना जाता है; दसवीं सदी के उत्तरार्ध में नागवर्मा प्रथम की 'धन्दोबुधि' ग्यारहवीं सदी के लिए चाउंडराय द्वितीय की 'लोकोपकार' चन्द्रराजा की 'मदनतिलक, श्रीधराचार्य की 'जातक तिलक' आदि शास्त्र-साहित्य की रचनाएँ हैं।

वचन साहित्य के पूर्व के साहित्य की विशेषताएँ इस प्रकार गिनी जा सकती हैं :

(1) परम्परावादी साहित्य
(2) पंडितों की पांडित्यपूर्ण काव्य की रचना
(3) रीतिबद्ध चम्पूकाव्य की रचना
(4) काव्य में विविधता नहीं, चर्वित-चर्वण विचार
(5) संस्कृत भाषा का पूरा प्रभाव
(6) केवल वस्तुनिष्ठ काव्य (कला के लिए कला)
(7) सीमित पाठक-वर्ग (केवल पंडितों) के लिए रचा गया साहित्य
(8) राजाश्रित साहित्यकार
(9) कल्पना और अवास्तविक वर्णनों की भरमार
(10) आश्रयदाता नरेशों का बढ़ा-चढ़ाकर वर्णन
(11) जनविरोधी साहित्य-मूल्य

तद् युगीन साहित्य राजा-महाराजा और दरबार के निकट और सामान्य लोगों से दूर था। उसी साहित्य को भव्य माना जाता था।

वचन साहित्य के पूर्व साहित्य की ऐसी ही स्थिति थी, वहीं बारहवीं सदी का साहित्य परिवर्तन की दिशा ढूँढ़ रहा था। समय परिवर्तन की प्रतीक्षा कर रहा था। बारहवीं सदी में बसवेश्वर और उनके अन्य समकालीन शरणों से पूर्व 'वचन' साहित्य समय की माँग थी। पंडितों से सामान्य लोगों की ओर, संस्कृत के प्रभाव से देशी भाषा की ओर साहित्य जा रहा था। वचन-साहित्य पुरानी कन्नड़ से मध्यकालीन कन्नड़ की ओर, चम्पूरीति से देशीय रीति की ओर, कठिनता से सरलता की ओर, भ्रमों से स्पष्टता की ओर अग्रसर होता हुआ दिखाई देता है। वचन साहित्य की लोकोन्मुखी विषयवस्तु, सरल कन्नड़, नई शैली गद्यात्मक पद्य के अपने गुणों के कारण लोगों को अपनी ओर तुरन्त आकर्षित करने लगा। सामाजिक चेतना वचन साहित्य की अपनी विशिष्ट शक्ति बन गई थी। बारहवीं सदी साहित्यिक दृष्टि से चम्पू साहित्य को कमजोर करने का काल था, राजनीतिक दृष्टि से शौर्य, साहस और वीरोत्साह का काल था, और सामाजिक दृष्टि से नए

विचार और नए मूल्य की स्थापना से सामान्य लोगों को अपने में समेटकर सारी सामाजिक व्यवस्था को बदल डालने का काल था। ऐसी पृष्ठभूमि में शरणों के वचन साहित्य का उदय एक सहज घटना लगती है।

यदि चम्पू (एक छंद) साहित्य लोगों की सहानुभूति से वंचित था तो वचन साहित्य सामान्य लोगों पर या सामान्य लोगों के लिए निर्मित था।

वचन साहित्य के प्रारम्भ का स्पष्ट चित्र तो हमें नहीं मिलता। लेकिन पंडितों ने 'देवर दासिमय्या' को प्रथम वचन रचनाकार माना है। बसवेश्वर का एक वचन इसे स्पष्ट करता है कि बसवेश्वर और उनके समकालीन शरणों से पूर्वकाल में वचन साहित्य का निर्माण हो रहा था।

बसवेश्वर के पूर्व में वचन साहित्य का सृजन अत्यन्त मन्द गति से हो रहा था। आगे आनेवाले शरणों के युग में वचन काव्य-रचना एक आन्दोलन का रूप धारण कर चुका था।

जब इन शिवशरण और शरणियों ने कल्याण (आज का बसवकल्याण बीदर जिला) को अपना कार्य क्षेत्र बनाकर अनुभव मंटप की स्थापना की तो इन्होंने वचन साहित्य की रचना प्रचुर मात्रा में की। इसकी आलोचना-प्रत्यालोचना के फलस्वरूप उसमें वैचारिकता की गम्भीरता आई।

इन्होंने सामाजिक चेतना से प्रेरित होकर लोगों की अन्ध भक्ति और अज्ञान को दूर करने के लिए, सब प्रकार से समान स्वस्थ समाज की स्थापना के लिए काव्य की रचना की।

सुन री सजनी...

किसी समाज या देश की अर्धशक्ति स्त्री होती है। स्त्री धरती माता कही गई है। वह अपना सब कुछ समर्पण कर इस संसार का लालन-पालन करती है। पर अत्यन्त ही दु:ख का विषय है कि वह सदैव ही उपेक्षित रही है। स्त्री इस विश्व की सर्वप्रथम दलित है। इस पुरुष प्रधान समाज में व्यक्तित्व विकास के सब प्रकार के अवकाशों से वह वंचित रही है। वह भोग की वस्तु मानी गई है। नारी बाल्यावस्था में पिता पर, यौवनावस्था में पति पर और वृद्धावस्था में बेटों पर निर्भर रहती है।

भारत में वैदिक चिन्तन ने तो स्त्री व्यक्तित्व की सर्वोपरि उपेक्षा की है। मुँह से तो यह भी कहा गया कि 'मातृ देवो भव:' जहाँ नारी की पूजा होती है वहाँ देवता लोग रमते हैं, वह आदिशक्ति परमेश्वरी के प्रतीक के रूप में है, आदि। पर वास्तव में वह नारकीय वेदनाओं में जीवनयापन करती रही है। इस देश के हर गाँव में देवी के मन्दिर मिलेंगे, त्रिमूर्तियों के दाँत खट्टे करनेवाले असुरों का संहार करनेवाली देवी तथा उसकी प्रभुता को स्वीकार करनेवाली पुराण कथाएँ उपलब्ध हैं। पर यथार्थ में उसे हर स्थान, हर मान और हर कार्य के लिए अयोग्य बतानेवाले प्रतिबन्ध भी पाए जाएँगे। स्त्री को झूठ का अवतार मानते हुए याज्ञवल्क्य और वशिष्ठ ने उसे साक्षी के लिए भी अयोग्य घोषित किया था। दयालु और करुणामयी धर्ममार्ग के गौतम बुद्ध ने भी कोई समानता का स्थान स्त्री को नहीं दिया था।

स्त्री ने पुरुष के जीवन में माँ, पत्नी, बहन, बेटी, बनकर उसके जीवन को आलोकित किया, मधुर बनाया, सार्थक किया और चेतना की शक्ति बनी रही। तुलसीदास जैसे महान संत कवि ने भी बिना संकोच के स्त्री के बारे में कहा कि 'ढोल, गँवार, शूद्र, पशु, नारी ये सब ताड़न के अधिकारी।' यह तो पुरुषवर्ग की मानसिक अस्वस्थता का स्पष्ट उदाहरण लगता है। स्त्री वेदना की सीमा का कहीं अन्त नहीं है। विवाह से पहले माता-पिता की सेवा में और विवाह के बाद पति की सेवा में जीवन व्यतीत होता है। पति यदि पहले मर जाता है तो

बेटों की मर्जी पर जीवन जीना होता है। उसका तो अपना एक घर होता ही नहीं है। मायका तो माँ-बाप और भाइयों का घर है, पति का घर तो पति का होता है उसका अपना नहीं है।

भारतीय वर्णव्यवस्था में ब्राह्मण के लिए वेदाध्ययन, क्षत्रिय के लिए युद्ध, वैश्य के लिए धनार्जन स्वधर्म है, पर शूद्र का धर्म इन सबकी सेवा करना है। स्त्री भी अपने तीनों रक्षकों—पिता, पति और पुत्र की सेवा का कर्तव्य निभाती है। स्त्री की गिनती भी शूद्रों में ही की गई है। जिस प्रकार शूद्र अपने व्यक्तित्व विकास की ही सुविधाओं से वंचित था उसी प्रकार स्त्री भी वंचित थी। शिक्षा प्राप्त करने की दृष्टि से एक राजा की पुत्री और एक दलित मजदूर की पुत्री की स्थिति एक जैसी थी क्योंकि पुरुष ने कभी नहीं चाहा कि स्त्री शिक्षित हो। मनु ने तो घोषणा की थी कि नारी स्वातंत्र्य के लिए योग्य नहीं है।

यह तो स्त्री व्यक्तित्व को शून्य करना हुआ। लगता है वैदिकों के साथ जैन भी स्त्री को मुक्ति प्राप्ति के योग्य नहीं मानते थे।

सती प्रथा हमारे देश में प्रचलित थी। अपमानजनक और उपेक्षित विधवा जीवन से सती होना ही श्रेष्ठ समझने का भ्रम था। क्षत्रियों में यह पद्धति अधिक थी। उसकी इच्छा-अनिच्छा की उपेक्षा कर पति के साथ वह जला दी जाती थी। इस प्रकार उस कालीन समाज में हजारों बन्धनों के बीच वह सजीव शव थी।

जिस पति के मरने के बाद स्त्री सती होती है उस पुरुष पति को पत्नी के प्रति प्रामाणिक होना अनिवार्य नहीं है। भारतीय विधवा स्त्री की वेदनाओं की कोई सीमा नहीं है। श्रृंगार करना, मुक्त होकर हँसना भी उसके लिए वर्जित माना जाता है। किसी वर्ग और जाति की विधवाओं की वेदनाओं में कोई अन्तर नहीं है। राम को पुरुषोत्तम माना जाता है पर उन्होंने भी अपनी पत्नी सीता की अग्नि परीक्षा के रूप में स्त्री अस्तित्व को नकारा था। मरे हुए पति को स्वर्ग से सावित्री लौटाकर ले आती है। पर वही पुरुष सैकड़ों जीवित स्त्रियों को अग्नि में झोंक देता है।

पुरुष वर्ग की सुख-सुविधा के लिए स्त्री सदैव अपने आपको पूर्ण रूप से समर्पित करती आई है।

नारी की निन्दाओं से, नारी के अनादर से, नारी को द्वितीय श्रेणी की नागरिक सिद्ध करने के उदाहरणों से हमारे शास्त्र-पुराण भरे पड़े हैं। पुरुष निर्मित साहित्य, दर्शन और इतिहासों में स्त्री सदैव हाशिए पर रही है।

लगता है, भारत ही नहीं बल्कि विश्व के हर देश में स्त्री अपने व्यक्तित्व विकास के अवकाशों से वंचित ही रही है। हर समाज ने स्त्री को उपेक्षा की दृष्टि से ही देखा है। कुछ उदाहरण देखा जा सकता है :

"स्त्री को कभी तत्त्वशास्त्र का अध्ययन नहीं करना चाहिए, वैवाहिक जीवन के नियमों का पालन करना ही स्त्री के लिए श्रेष्ठ तत्त्व है।"

—यूरोप का एक धर्मोपदेश

"ज्ञान, पुरुष का आदर बढ़ाता है तो अज्ञान स्त्री की सुन्दरता का कारण बनता है।"

—एक चीनी कहावत

"स्त्री, पुरुष का कोई मार्गदर्शन नहीं कर सकती। इस संसार में स्त्री की वजह से ही पाप है। इसलिए स्त्री भयंकर नरक में जाती है। उसकी मुक्ति का कोई मार्ग नहीं है।"

—सेंट पॉल

"न स्त्री स्वातंत्र्यम् अर्हति"

—मनु

हिन्दू धर्म में तो शूद्र अत्यन्त हीन जीव है और स्त्री तो नीच मानी ही गई है। इसलिए हिन्दू समाज में स्त्री की स्थिति शूद्रों से भी दयनीय है।

"स्त्री सब बुराइयों की जड़ है।"

—महाभारत

"स्त्री चंचला है, तलवार की तरह तेज है, तूफान की तरह अस्थिर है।"

—रामायण

"स्त्री एक वस्तु है, एक चीज है।"

—शाक्त

बेटी के विवाह में पिता अपनी बेटी का कन्यादान करता है। प्राय: भारतीय भाषा में ही 'कन्यादान' जैसा शब्द देखने को मिलता है जहाँ किसी वस्तु या प्राणी को दान के रूप में देने की प्रथा सुनने में आती है अर्थात् भारतीय सन्दर्भ में स्त्री का अस्तित्व किसी वस्तु या प्राणी के समान ही है।

दहेज के नाम पर स्त्री को जला देना अत्याचार है। स्त्री-भ्रूण-हत्या भारतीय समाज के लिए बहुत बड़ा कलंक है। आनेवाले दिनों में स्त्री की नारकीय स्थिति को लेकर यह एक चेतावनी है। आठवें दशक में तमिलनाडु के उसिलंब में वुल्लकर जाति में लगभग छह हजार नवजात शिशुओं की हत्या माँ-बाप ने मिलकर की थी। आज भी राजस्थान और हरियाणा में स्त्री-भ्रूण-हत्या आम बात लगती है।

मुम्बई के एक अस्पताल में ही 1984-85 में सोलह हजार स्त्री-भ्रूण-हत्या की बात बाहर आई थी। *(गार्डियन 4.11.86)*

1978-83 के बीच प्राप्त आँकड़ों के अनुसार भ्रूण-हत्या के उदाहरण मिलते हैं। एक समाचार-पत्र से पता चला है कि इन दिनों हरियाणा के एक निजी अस्पताल के पास एक कुएँ में सौ से अधिक स्त्री शिशु भ्रूण मिले हैं। ऐसा नहीं है कि अशिक्षित और निर्धन लोग ही यह काम करते हैं। पढ़े-लिखे और सम्पन्न परिवारों में भी यह हो रहा है। कहा जाता है कि एक स्वस्थ समाज में स्त्री-पुरुषों की संख्या 51:49 के अनुपात में होनी चाहिए। तात्पर्य है कि स्वस्थ समाज में स्त्री संख्या का पुरुष संख्या से अधिक होना सही माना गया है। पर स्त्री-भ्रूण-हत्या की वजह से प्रति एक हजार जनसंख्या में लगभग 70-75 की दर से संख्या कम होती जा रही है। हरियाणा और पंजाब में युवकों के विवाह में युवतियों के अभाव की समस्या गाँवों में देखी जा रही है। समाज के समाजशास्त्रियों का तो कहना है, आनेवाले दिनों में द्रौपदी की तरह पाँच पति होने का दृश्य देखने को तो नहीं मिलेगा? स्त्री-भ्रूण-हत्या को अपराध करार देने का कानून तो आया है पर मनुष्य के मन को मानवतावादी करने के लिए कोई कानून नहीं है।

इस प्रकार की राक्षसी प्रवृत्ति के दो कारण हैं—समाज में स्त्री के प्रति हीनभावना का होना और बेटी की शादी में माँ-बाप का आर्थिक नुकसान होना। भारतीय मानसिकता यह समझ बैठी है कि बेटे से ही परिवार का उद्धार होता है। सैकड़ों की संख्या में इधर एक जनजाति में माँ-बाप ने अपनी बेटियों को बेच दिया। कारण है गरीबी और बेटी की शादी रचने में उनकी आर्थिक अयोग्यता।

जमीन को निजी सम्पत्ति के रूप में देखने की परिकल्पना के साथ पितृप्रधान परिवार अस्तित्व में आया। स्त्री अपना आर्थिक अधिकार खो बैठी। सम्पत्ति के उत्पादन अधिकार से वह वंचित हो गई और द्वितीय श्रेणी की नागरिक बन गई। पुरुष जब हल चलाने लगा तो हल का मालिक भी बन बैठा और जमीन का भी। इसी उपक्रम में स्त्री का भी मालिक बन बैठा। स्त्री और विश्व की सब चीजों पर पुरुष का अधिकार हो गया। तभी से स्त्री की दुखभरी हीनावस्था शुरू हो गई।

मानव मात्र के इतिहास के साथ स्त्री मुक्ति का इतिहास भी जुड़ा हुआ है। लेकिन अत्यन्त ही अनसुनी आवाज में। लगभग सन् 1830 के आसपास अमेरिका की महिलाएँ गुलामी विरोधी कार्यक्रमों में स्वयं को शामिल करने लगीं। अमेरिका में 'गुलामी विरोधी समाज' का आरम्भ 1883 में हुआ था। यह समाज गुलामी विरोधी संघर्षों के लिए बनी संस्थाओं में से एक था। महिलाओं को इस समाज की समिति की सदस्यता देने के योग्य नहीं माना गया था। आश्चर्य होता कि

यूरोप के कई देशों से आकर अमेरिका का निर्माण करनेवाला यह श्वेत पुरुषवर्ग मानता था कि स्त्री को स्वतंत्रता नहीं देनी चाहिए; यह पुरुष प्रधान समाज का अहं था। वे यह मानते थे कि स्त्री को घर के काम-काज में ही लगना चाहिए। इसीलिए श्वेत महिलाएँ अपने अधिकार के लिए और श्याम वर्ण के गुलामों की मुक्ति के लिए दास्य विरोधी आन्दोलन श्वेत महिलाओं की अस्मिता और श्याम वर्ण की जन-जातियों की मुक्ति के लिए एक साथ काम कर रहा था। यहाँ अधिक बल शोषित, विशेषकर श्याम वर्ण की स्त्री मुक्ति पर दिया गया। गुलामी विरोधी आन्दोलन ने बड़ी सूक्ष्मता से स्त्री मुक्ति का भी काम ऊँची आवाज में किया है। कई अफ्रीकी महिलाएँ भी इस आन्दोलन में काम कर रही थीं, जो स्त्रियों में एक आत्मबल देने में सहायक सिद्ध हुआ। महिलाओं की ओर से एक उदाहरण दिया जा सकता है। सार्जनर टूथ नामक महिला का जन्म न्यूयॉर्क के हरले में हुआ था। इनका पुराना नाम था इबेज बौन फ्री। बूढ़े गुलाम से जबरदस्ती विवाह होने के बाद उन्होंने पाँच बच्चों को जन्म दिया। गुलामी के दिनों में उसके तीन बच्चे बेच दिए गए। सन् 1828 में इसेसाबेल गुलामी से भागकर आई और 1843 से सारी जिन्दगी गुलामी के विरोध में वह भाषण करती रही। सार्जनर अनपढ़ थी पर भाषण कला में चतुर थी। लगभग चालीस वर्षों तक वे स्त्री मुक्ति और गुलामी के विरोध में विचार-प्रसार करती रही। वह दासता विरोधी मात्र नहीं, बल्कि स्पष्ट स्त्रीवादी भी थी। ओहयों में चल रही स्त्री अधिकार आन्दोलन की सभा में दिया गया उनका वक्तव्य बहुत प्रसिद्ध है। वक्तव्य का प्रारम्भ उन्होंने इस प्रकार किया था—मैं एक औरत हूँ न! स्त्री में यह एहसास बहुत ही महत्त्वपूर्ण लगता है। गुलामों की मुक्ति के लिए किए गए आन्दोलनों में कई गुलाम महिलाओं का भाग लेना स्त्री मुक्ति के लिए प्रकाश किरण स्वरूप इतिहास में दर्ज हुआ।

बारहवीं सदी में कन्नड़ का वचन साहित्य स्त्री स्वातंत्र्य, सम संस्कृति की स्थापना, अभिव्यक्ति स्वातंत्र्य, चर्चा-परिचर्चाओं का प्रारम्भ या यों कहें सबको सब प्रकार की समानताओं के स्वस्थ समाज का निर्माण, अन्तरंग और बहिरंग व्यक्तित्व विकास की सुलभ सम्भावनाओं का अवकाश, मन्दिर की पत्थर संस्कृति से मनुष्य केन्द्रित संस्कृति की ओर चलने की प्रक्रिया का साहित्य है। इस साहित्य-सन्दर्भ ने लगभग भारतीय निम्न जाति और निम्न वर्ग को पहली बार बोलने, लिखने और सब प्रकार के व्यक्तित्व विकास का अवकाश दिया है। विशेषकर महिलाएँ अधिक संख्या में यहाँ पढ़ती-लिखती काव्य सृजन करती रही थीं, वे चर्चाओं में भाग लेतीं, और समकालीन मानव सम्पन्न मूल्यों की श्रीवृद्धि का कारण बनती हैं। आज लगभग नौ सौ वर्षों के बाद भी 35 से

अधिक महिलाओं का काव्य वचन साहित्य के रूप में मिलता है। सांस्कृतिक स्त्री शक्ति का चिन्तन-विवेचन यहाँ होता है। इसलिए विश्व स्तर पर स्त्री शोषण का अवलोकन और उसकी मुक्ति के लिए किए गए प्रयास इस साहित्य में देखे जा सकते हैं। वचन साहित्य के सन्दर्भ को और अधिक चैतन्यशील दृष्टि से देखा जा सके, इसलिए अमेरिका में गुलामों के संघर्ष का इतिहास और वहाँ की गुलाम महिलाओं के दर्द को आँखों के सम्मुख लाने के लिए कुछ और बातें यहाँ पाठकों के सामने रखने की इच्छा हो रही है।

सन् 1616 : आधुनिक अमेरिका के इतिहास में यह वर्ष महत्त्वपूर्ण है। गुलामों के व्यापार के लिए सुविधाजनक स्थान जेम्स टाउन में अफ्रीकी गुलामों का आगमन। एक डच व्यापारी ने यहाँ गुलामों को अनाज के बदले में खरीदकर गुलामी पद्धति की स्थापना की।

सन् 1638 : अफ्रीकी गुलाम पुरुषों की कीमत लगभग 27 डॉलर निश्चय की गई। यूरोपीय मजदूर का एक दिन का पारिश्रमिक 70 सेंट था।

सन् 1640 : रोमन पद्धति की तरह गुलामों पर मुहर लगाना, उन्हें चाबुक से मारना आदि शुरू किया गया।

सन् 1641 : गुलाम पद्धति को कानून के मुताबिक सही ठहराया गया।

सन् 1660 : गुलामी के सम्बन्ध में कई कानून लाए गए। कानून के अनुसार अफ्रीकी गुलाम, गुलाम औरत के बच्चों को सारी जिन्दगी गुलाम रहकर सेवा करनी होगी।

सन् 1662 : वर्जीनिया कानून के अनुसार सारे अफ्रीकी अश्वेतों को गुलामी करनी होगी। नीग्रो औरतों को श्वेत पुरुषों के सम्बन्ध से यदि बच्चे जन्म लेते हैं तो माँ की तरह बच्चे को भी गुलामी करनी होगी।

सन् 1664 : मेरीलैंड में गुलामी पद्धति का कानून लाया गया। श्वेत महिलाओं का अश्वेत पुरुषों के साथ विवाह करना कानून विरोधी माना गया। यह कानून अगले 300 वर्षों तक जारी रहा। (अर्थात् 1964 तक!)

सन् 1672 : ब्रिटेन ने रॉयल अफ्रीकन कम्पनी की स्थापना कर अफ्रीकी कानून के अनुसार गुलामों का व्यापार प्रारम्भ कर दिया।

सन् 1680 : गुलामी पद्धति के नीति-नियम बनाए गए। नियम के अनुसार गुलामों को निजी सम्पत्ति माना गया। मालिक गुलामों को खरीद सकता था, बेच सकता था, किराए पर दे सकता था और गुलामों

को बदल सकता था। गुलामों को शादी करने, मत देने, सम्पत्ति रखने और अदालत में खड़ा होकर साक्षी बनने का अधिकार नहीं था।

सन् 1698 : ब्रिटिश संसद ने ब्रिटिश व्यापारियों को गुलामों का व्यापार करने की अनुमति दी।

सन् 1717 : नीग्रो पुरुष श्वेत स्त्री से यदि विवाह करता है या श्वेत पुरुष नीग्रो स्त्री से विवाह करता, तो उनको सारा जीवन गुलाम बनकर रहना होगा। श्वेत स्त्री से जन्मे बच्चे का सात वर्षों तक सेवक बनकर रहने का कानून मेरीलैंड राज्य ने पारित किया।

सन् 1776 : ब्रिटेन से देश स्वतंत्र हुआ। फिर भी औरतों को कई तकलीफों का सामना करना पड़ा। एकाध धनवानों को छोड़कर अन्य स्त्रियों को प्राथमिक शिक्षा से बढ़कर शिक्षा की सुविधा नहीं थी।

सन् 1894 : मेरीलैंड की गुलाम स्त्री हॅरियेट् टब् मन् उत्तर दिशा की ओर भाग गई और अंडर ग्राउंड रेलमार्ग में कंडक्टर बन गई। टब् मन् 19 बार दक्षिण में आई और 300 गुलामों को मुक्त कराने में सहायता की।

तात्पर्य यह है कि बारहवीं सदी में कन्नड़ साहित्य में बहुत संख्या में महिलाएँ काव्य की रचना कर रही थीं और अमेरिका में सोलहवीं सदी के आसपास भी स्त्रियों में गुलामी प्रथा चल रही थी और वे मुक्ति के लिए संघर्ष अब शुरू कर रही थीं। 'मध्यकाल में चर्च ने अपने से रत्ती-भर भी असहमत होनेवाले हजारों स्त्री-पुरुषों को डायन और शैतान का पुजारी घोषित करके बहुत ही क्रूर और बीभत्स तरीकों से मौत के घाट उतार दिया था। जॉन ऑफ आर्क को भी जादू-टोने के आरोप में जिन्दा जलाया गया था।'[1]

स्त्री के आँसुओं की दर्द भरी कथा पुरुष प्रधान समाज के ऐतिहासिक पृष्ठों में हर कहीं सुनाई देती है। अपने आपको 'प्रगतिशील देश' घोषित करनेवाले कई देशों में चार-पाँच दशकों पूर्व तक स्त्रियों को वोट देने का अधिकार नहीं था। वैश्विक परिप्रेक्ष्य में आधुनिक काल में भी महिला को प्रोफेसर होने और नोबेल जैसे पुरस्कार प्राप्त करने से दूर रखा गया था।

आज जिस सन्दर्भ में हम जी रहे हैं, हर रोज समाचार-पत्रों में महिला को जला देने, सामूहिक अत्याचार, बेटियों के साथ माँ की आत्महत्या आम बात हो गई है। आजाद भारत के समकालीन युग में भी स्त्री-सती होने के उदाहरण हैं।

---

1. विद्रोही स्त्री—जर्मन ग्रीयर, 239

रूपकुँवर जैसी युवती सती होती है और देखा यह गया है कि उसके पति और ससुर सुशिक्षित थे। सती प्रथा का वैभवीकरण होता है और उस सती के मन्दिर निर्माण के भी प्रयास होते हैं। एक युवा नेता, जो किसी एक राजकीय पार्टी से जुड़ा हुआ होता है, अपनी प्रियतमा लगनेवाली युवती को दो-दो इंच टुकड़ों में काटकर किसी ढाबे के चूल्हे में डाल देता है। आज भी कई गाँवों की स्त्री-शिक्षा शून्य के बराबर है। इससे अन्दाजा लगाया जा सकता है कि स्त्री मुक्ति की लड़ाई अभी कितनी लम्बी है।

वचन साहित्य : स्त्री चिन्तन का उत्साह काल

किसी कवि ने लिखा है :

इतिहास लिखना
काव्य का काम नहीं है
काव्य से बढ़कर
सुन्दर इतिहास लिखनेवाला
कोई इतिहासकार नहीं है।

किसी काव्य, शास्त्र, पुराण आदि में निहित सत्य को सूक्ष्मता से देखने पर स्त्री की स्थिति का चित्रण हमारी आँखों के सामने स्पष्ट हो जाता है। स्त्री शोषण की ऐतिहासिक दृष्टि को सचेत रखकर ही स्त्री मुक्ति के प्रयास किए जा सकते हैं। कहा गया है कि जो इतिहास नहीं जानता वह इतिहास का निर्माण नहीं कर सकता है।

कन्नड़ साहित्य के इतिहास की परम्परा में बारहवीं सदी का वचन साहित्य युग सच्चे अर्थों में स्वर्ण युग कहा जा सकता है। इस काल के कन्नड़ कवि-कवयित्रियों ने, जो शिवशरण-शिवशरणियाँ कहलाते हैं, कविताओं की रचना सामाजिक, आर्थिक, सांस्कृतिक और धार्मिक आन्दोलन के लिए की है। काव्य धर्म इनके लिए साधन मात्र था, न कि साध्य।

'वचन' गद्य-पद्य का सम्मिश्रण सरस काव्य विधा मानी जा सकती है। इनके साहित्य को 'वचन साहित्य' के नाम से जाना जाता है।

एक समय में एक शेक्सपियर या वड्र्सवर्थ का होना, एक कालिदास या रवीन्द्रनाथ टैगोर का होना मेरे लिए या किसी भी स्वस्थ साहित्य प्रेमी के लिए आश्चर्य की बात नहीं लगनी चाहिए। यहाँ तो हर कोई महान कवि था, महाकवि था, महान कवयित्री थी।

अनुभव मंटप

सामूहिक चिन्तन से, प्रश्न करने की परम्परा से, चर्चा-परिचर्चाओं की संस्कृति से सज्जनों के सत्संग से, सबसे बढ़कर सामाजिक हित के सामूहिक उत्तरदायित्व

की चेतना से असम्भव सम्भव होता है। इसके लिए ही शिवशरणों ने 'अनुभव मंटप' की स्थापना की थी। सत्संग और सहचिन्तन इस अनुभव मंटप की विशेषता है।

एक अनुभव की बात है कि तुम्हारे मित्र मंडली के सदस्यों के स्वभाव से पता चलता है कि तुम क्या हो। तुम्हारे व्यक्तित्व का निर्माण उससे होता है जिन लोगों के साथ तुम हो। थोड़ा-सा खोकर और थोड़ा-सा प्राप्त कर तुम बुरे या अच्छे बनते हो। इसलिए विद्वान, चिन्तक, जनवादी, जीववादी के सत्संग में रहोगे तो उसी को प्राप्त करोगे। स्वस्थ समाज के निर्माण के लिए तुम्हारा व्यक्तित्व बहुउपयोगी बन पाएगा। यही सार्वकालिक सत्य है। हर एक पत्थर में एक मूर्ति होती है, पर अनामिकावस्था में। चिन्तन-मंथन से, कलात्मक, सूक्ष्म बारीकियों के काम से एक कलात्मक शिल्प कलाकृति का साक्षात्कार करना पड़ता है। यह सत्संग से ही सम्भव होता है। सत्संग से मनुष्य हीनभावना और अहंभावना इन दोनों से मुक्त होता है। इन दोनों से मुक्त समाज में व्यक्ति और समाज का हित सम्भव होता है। व्यष्टि एवं समष्टि का सुन्दर समन्वय सम्भव होता है।

ज्ञानी और अनुभवी-अनुभावियों के सत्संग से अपनी उपयोगिता और योग्यता का भी परिचय होता है। संवेदनशील और श्रेष्ठ लेखक, कलाकार, संगीतकार और सांस्कृतिक महत्त्व के व्यक्तियों का विकास ऐसे ही सत्संग से हुआ है। गलत रास्ते पर जा रहा व्यक्ति भी विद्वानों के मार्गदर्शन से सही रास्ते पर चलने लगता है। अनुभवी चेतनाओं के अनुभव मंटप सत्संग से बिगड़ी हुई बात बनती है। कबीरदास ने भी कहा है :

सत्संग लागी रहो रे भाई।
तेरी बिगरी बात बन जाई॥

ऐसा नहीं कि सत्संग का सत्फल इने-गिने लोगों को ही मिलता है। ब्राह्मण, क्षत्रिय, वैश्य, शूद्र, अन्त्यज सब को यह सत्फल सुनिश्चित है। पर देखना यह होता है कि क्या यह सज्जनों का सत्संग है या कोई भ्रम। शरण संत कबीरदास, बसवेश्वर आदि के सत्संग से कई उपेक्षित शरण संतों ने श्रेष्ठता को प्राप्त किया।

साहित्यिक और सामाजिक क्रान्ति की कल्पनाओं को यथार्थ में परिवर्तित करने के लिए शिवशरणों ने 'अनुभव मंटप' की स्थापना की थी। वर्ग-वर्ण-लिंग का भेदभाव न करते हुए सबको अनुभव मंटप में प्रवेश मिला। इसकी सदस्यता के लिए यह अनिवार्य माना गया था कि इसके सदस्य सभी को समानता की दृष्टि

से देखें। शुद्ध कायक (श्रम) करते हुए परिश्रमजीवी बनकर रहें और स्त्री-पुरुषों से भेदभाव न करें। सारे भारत के भिन्न-भिन्न प्रदेशों से इस अनुभव मंटप में भाग लेने के लिए; धार्मिक और सामाजिक परिवर्तन के आन्दोलन से अपने आपको जोड़ने के लिए यहाँ सभी जमा हो गए थे, जैसे कश्मीर से राजा महादेव और उनकी पत्नी, गुजरात से आदय्या, कलिंग देश से मरूळशंकरदेव, आन्ध्रा से मैदून रामय्या तथा कर्नाटक के कोने-कोने से शिवशरण और शरणियाँ। सभी श्रमवर्ग के लोगों ने इसमें भाग लिया था, जैसे—मोची, ढोर पालक, धोबी, केवट, हज्जाम, लकड़ी बेचनेवाले, रस्सी बनानेवाले, किसान, नट, संगीतज्ञ, चावल कूटनेवाले आदि। लगभग सब शरण अपनी धर्मपत्नी के साथ अनुभव मंटप की आध्यात्मिक और साहित्यिक परिचर्चाओं में भाग लेते थे। जीवन के भीतर-बाहर की चर्चा करते थे एवं अन्तरंग और बहिरंग शक्ति प्राप्त करते थे। उस युग में शरण-शरणियों के सत्संग के केन्द्रस्थान अनुभव मंटप द्वारा अनुपम सांस्कृतिक विकास सम्भव हुआ। आश्चर्यजनक रीति से उपेक्षित निम्न जाति एवं निम्न वर्ग के शरण-शरणियों ने अनुभव मंटप की चर्चाओं में सक्रिय भाग लिया, काव्य की रचना की, काव्य को लेकर आलोचना की एवं काव्य और जीवन का सुन्दर समन्वय किया। इस सत्संग में, जिसने कभी बात नहीं की थी, उसने ऊँची आवाज में सांस्कृतिक बातें कीं। स्त्रियों ने सबसे पहली बार व्यक्तित्व का सर्वोपरि विकास किया और इससे सामाजिक व्यक्तित्व का भी विकास हुआ।

शरणों के सत्सम्पर्क में आकर कई हीन जाति के लोगों ने व्यक्तित्व विकास किया। वे सोचने लगे कि जन्म से कोई छोटा या बड़ा नहीं होता। शरणी लिंगम्मा इस सत्संग से अपने को धन्य समझती हैं और कहती हैं :

निम्न जाति में जन्म लेकर
सत्संग में विकसित होकर,
सत्य शरणों के चरणों में रही।

इस वचन साहित्य आन्दोलन ने जाति पद्धति, अस्पृश्याचरण, एवं असमानता के विरुद्ध जो युद्ध छेड़ा था उससे उपेक्षित वर्ग ने स्वाभिमान और आत्मबल हासिल किया, जो मनुष्य की भूख मिटाने से भी महत्त्वपूर्ण माना जाता है। इस साहित्यान्दोलन ने स्त्री के व्यक्तित्व को निडरता और वैचारिकता की दीक्षा दी थी। वह अपने पति को वैचारिकता की दिशा में मार्गदर्शन करने का साहस कर सकती थी। शरण आय्दक्की मारय्या और उसकी पत्नी लक्कम्मा दोनों अपने सात्त्विक कायक के लिए शरण कुल में प्रसिद्ध थे। मारय्या बसवण्णा के महामने के आँगन में से चावल चुनकर लाते थे। इससे उनका पेट भरता था

और जंगमों की सेवा भी इसी से हो जाती थी। मारय्या का कायक यही था। एक दिन वहाँ चावल अधिक पड़ा मिला और मारय्या के उस दिन अधिक चावल घर लाने से पत्नी लक्कम्मा पति को सचेत करती है और कहती है कि दुराशा तो राजा में होती है हममें नहीं। आवश्यकता से अधिक चावल लौटाने को कहती है। यह है स्त्री के व्यक्तित्व का विकास। लक्कम्मा का यह वचन स्पष्ट कर देता है कि आवश्यकता से अधिक संग्रह करने की प्रवृत्ति समाज के लिए घातक है :

आशा तो राजा में चाहिए
शिवभक्तों में क्यों?
इतने चावल की आशा आपमें क्यों?
ईश्वर मानेंगे नहीं, मारय्यप्रिय, अमरेश्वर लिंग से
आप दूर हैं हे मारय्या।

शिवशरणी अक्कमहादेवी तो सत्संग की चैतन्यशक्ति अनुभव मंटप की महान देन है। वह तो भाषा की मंत्रशक्ति का साक्षात्कार करनेवाली है। शरणों के सत्संग और मार्गदर्शन से गुरु-लिंग-जंगम द्वारा 'शिवयोग' की चरम सिद्धि की वह साधिका है। राजसत्ता-पुरुषसत्ता और दैव सत्ता के प्रतिनिधि राजा कौशिक को त्यागकर जड़ परम्पराओं का विरोध करके स्त्री में विद्रोह की चिंगारी जागृत रखते हुए अक्कमहादेवी अपने एक वचन में यह स्पष्ट कर देती है कि किस प्रकार शरणों के सत्संग से उसके तन-मन और प्राण शुद्ध बन जाते हैं और वह अपने इष्टदेव चन्नमल्लिकार्जुन के लिए योग्य बनती है :

हे जी, आप अनुभावियों के सत्संग से
मेरा तन शुद्ध हुआ,
हे जी, आप अनुभावियों के सत्संग से
मेरा मन शुद्ध हुआ,
हे जी, आप अनुभावियों के सत्संग से
मेरा प्राण शुद्ध हुआ,
हे जी, आप अनुभावियों ने मुझे
परीक्षा कर योग्य बनाया इसलिए,
हे चन्नमल्लिकार्जुन, मैं
आपसे स्वीकृत हुई हूँ।

—अक्कमहादेवी

पहले ही कहा जा चुका है कि शरणपूर्व काल में स्त्री भोग की वस्तु मात्र मानी जाती थी। विशेष कर मठ-मन्दिर भोग के केन्द्र बन चुके थे जिसमें स्त्री पर अत्याचार प्रायः हुआ करता था। स्त्री गौरव से नहीं बल्कि कामुक भावना से देखी जाती थी। काळामुख आदि शैव व्यसनी बन गए थे। दैवी-आचरण के बहाने देवदासियाँ विवाह की सुविधा से वंचित होकर उच्च वर्ग और वर्ण के पुरुषों की कामवासना का शिकार बनती थीं। हर वर्ग-वर्ण की स्त्री शोषित थी और व्यक्तित्व विकास की सुविधाओं से वंचित थी। भारतीय नारी की दुर्गति अवर्णनीय कही जा सकती है।

नारी की इस दुर्गति और उपेक्षा की शिवशरणों ने कड़ी आलोचना की है और ऐसे समाज का इन्होंने विरोध किया है। वह तो पुरुष की सहधर्मिणी होती है। पुरुष के विकास में सहायक ही नहीं बल्कि प्रेरणा बन सकती है। अवकाश मिलने पर पुरुष के समान ही व्यक्तित्व के सर्वांगीण विकास की चरम सीमा पर पहुँच सकती है। बसवयुग की शिवशरणियाँ इस तथ्य का प्रमाण हैं। लगभग सभी शिवशरणियों ने अनुभव मंटप में भाग लेकर शरणों के साथ धार्मिक, सामाजिक और साहित्य का चिन्तन किया। अन्य शिवशरण कवि—बसव, अल्लम प्रभु, चन्न बसवण्णा और सिद्धराम के समान ही श्रेष्ठ वचनों की रचना की हैं। आत्मोन्नति के साथ-साथ समाजोन्नति के मार्ग में इनकी बड़ी देन रही है। पुरुषों के साथ साहित्य, समाज और धर्म में इन्होंने समानता से प्रभाग किया।

अल्लम प्रभु यह स्पष्ट करते हैं कि स्त्री साधना के मार्ग में माया नहीं है। मनुष्य का मानसिक विकार ही माया है।

कहते हैं :

कनक माया है, कनक माया नहीं,
नारी माया है, नारी माया नहीं,
मिट्टी माया है, मिट्टी माया नहीं,
मन की आशा ही माया है, हे गुहेश्वर!

सही मायने में पुरुष के कन्धे से कन्धा मिलाकर इस युग में स्त्री ने विकास किया है। अदूर दृष्टि से अन्धों की आग में जलती नारी ने पुकार-पुकार कर अपनी मुक्ति के लिए काव्य रचना की और इसमें अत्यन्त ही आत्मीयता से शरणों ने इनकी सहायता की। सामाजिक क्रान्ति का एक मार्ग इन शरणियों ने ढूँढ़ निकाला।

शरण और शरणियों ने पुरुष और स्त्रियों में योग्यता की दृष्टि से अन्तर को नकार दिया। शारीरिक रचना मात्र से वे दोनों भिन्न हैं न कि प्रतिभा और योग्यता

में। शरण जेडर दासिमय्या कहते हैं कि थन-चोटी से स्त्री, स्त्री कहलाती है और मूँछ से पुरुष, पुरुष कहलाता है। लेकिन इनमें स्थित आत्मा न पुरुष है न स्त्री :

थन चोटी से स्त्री कहलाएगी,
मूँछ-दाढ़ी से पुरुष कहलाएगा।
दोनों में स्थित आत्मा न स्त्री है न पुरुष है हे रामनाथ!

ज्ञान प्राप्ति के लिए भी स्त्री-पुरुष में कोई अन्तर नहीं किया जा सकता। ज्ञान न स्त्री का है न पुरुष का। इसलिए शरणी गोग्गव्वे पूछती हैं :

थन चोटी से स्त्री कहलाएगी,
मूँछ और काछा से पुरुष कहलाएगा,
इन दोनों में स्थित ज्ञान स्त्री है या पुरुष, हे नास्तिनाथ?

अक्कमहादेवी अपनी साधना के लिए घर-बार, गाँव की उपेक्षा कर सारे सामाजिक बन्धनों को तोड़कर कल्याण आई थीं। उन्हें कई बाधाओं का सामना करना पड़ा। अक्कमहादेवी बाधाओं को चुनौती देती हैं कि कल का आज, आज का अभी आने दो :

कल जो आएगा, आज ही आने दो,
आज जो आएगा, अभी आने दो,
अब-तब मत कहो, हे चन्नमल्लिकार्जुन!

स्त्री के प्रति शिवशरणों के मन में असीम गौरव की भावना थी। स्वस्थ समाज के लिए स्त्री के प्रति गौरव की भावना अत्यन्त आवश्यक है। शरण श्री सिद्धराम कहते हैं कि स्त्री, स्त्री मात्र नहीं बल्कि वह साक्षात् मेरा आराध्य कपिलसिद्ध मल्लिकार्जुन ही है :

स्त्री, स्त्री मात्र नहीं,
स्त्री, राक्षसी नहीं,
स्त्री साक्षात् कपिलसिद्ध मल्लिकार्जुन है।

बसवेश्वर कहते हैं कि यहाँ-वहाँ विचरते हुए कहीं पर भी स्त्री को नहीं देखूँगा। उसे मैं साक्षात् पार्वती समझूँगा जो जीवन का श्रेष्ठ मूल्य है :

शपथ! आपकी शपथ, आपके शिवचरणों की शपथ,
जहाँ कहीं भी मन विचरण करेगा,
पर स्त्री को महादेवी कहूँगा हे कूडलसंगमदेव।

परधन और परस्त्री को शरणों ने कभी स्वीकार नहीं किया। परस्त्री और परधन पर जो दृष्टि डालता है वह भगवान को भी सन्तुष्ट नहीं कर सकता। बसवण्णा का निम्न वचन देखिए :

नीयत होनी चाहिए शरण की, परधन न चाहने की,
नीयत होनी चाहिए शरण की, परसति न चाहने की,
नीयत न रहनेवालों को अपनाते नहीं कूडलसंगमदेव।

शिवशरणी सत्यक्का तो कहती हैं कि परधन, परस्त्री और परदेव त्यागने से बढ़कर कोई पूजा-पाठ, मंत्र-तंत्र, धूप-दीपारती नहीं है। समाज इनके लिए श्रेष्ठ है, व्यक्तिगत आध्यात्मिक साधना नहीं। सत्यक्का का यह वचन देखिए :

अर्चन और पूजा व्रत नहीं,
मंत्र और तंत्र व्रत नहीं,
धूप, दीप और आरती व्रत नहीं,
परधन, परस्त्री, परदैव को नहीं चाहना ही व्रत है,
शंबुजकेश्वर में इन्हें दर्शन कराना ही व्रत है।

शरण-शरणियों के काव्य से यह स्पष्ट हो जाता है कि इन्होंने नारी विमोचन, उसके सर्वांगीण विकास, और समाज में मुक्त वातावरण के निर्माण के लिए प्रयास किया। शायद भारत में बारहवीं शताब्दी में पहली बार नारी को अभिव्यक्ति स्वातंत्र्य मिला। इस अभिव्यक्ति स्वातंत्र्य ने स्त्री में सांस्कृतिक विवेक और प्रश्न करने की शक्ति दी, जो नारीवाद की सफलता की पृष्ठभूमि बनी। शिवशरणी गोग्गव्वे का एक वचन देखा जा सकता है :

पुरुष यदि स्त्री से प्रेम करके
उसे अपनाता है तो वह
पुरुष का आभूषण मानी जाती है,
स्त्री यदि पुरुष से प्रेम करके
उसे अपनाती है तो इसे क्या कहा जाता है?
इस द्वि-विधा के द्वन्द्व से मुक्त होकर
समभाव से रहना ही सुख है
हे नास्तिनाथ! यही परिपूर्णता है।

नारीवाद की दृष्टि से इस वचन का एक सुन्दर और अर्थपूर्ण स्त्री-विमर्श हो सकता है। पुरुषप्रधान समाज की पुरुषसत्ता से यहाँ स्त्री प्रश्न कर रही है और अपनी अस्मिता की स्थापना के लिए चुनौती दे रही है। कहती है, यदि कोई पुरुष

स्त्री से प्रेम करके विवाह करता है तो वह स्त्री पुरुष के लिए एक आभूषण मात्र बनकर रहती है। उसका अपना कोई स्वतंत्र व्यक्तित्व नहीं होता। वह हँसती, बोलती, उठती-बैठती भी है तो उस परदैव पति की आज्ञा और इच्छा के अनुसार ही। वह पति परमेश्वर के नाम के साथ मात्र पहचानी जाती है। स्त्री को लेकर यही इस समाज की स्वीकृत परम्परा है। पर शिवशरणी गोग्गव्वे का प्रश्न है कि यदि स्त्री पुरुष से प्रेम करती है और उस पुरुष से प्रेम-विवाह करती है तो उसे आप क्या कहेंगे? क्या वह पुरुष भी स्त्री के लिए एक आभूषण बनेगा?

यहाँ नारी की अस्मिता को सुरक्षित रखने के लिए शरणी गोग्गव्वे के विचार तीन-चार आयामों में काम कर रहे हैं :

(1) नारी को पुरुष के लिए आभूषण मात्र मानने की कैसी बात?

(2) स्त्री भी प्रेम कर सकती है।

(3) पति के चयन का उसे अधिकार है।

(4) पुरुष की श्रेष्ठता का विचार अर्थहीन है इसलिए स्त्री-पुरुषों के बीच भेद-भाव नहीं होना चाहिए।

इस जीवन में दोनों का अस्तित्व समान है। लिंग असमानता की भावना से मुक्त होकर समभाव से रहना ही सुख का समृद्ध मार्ग है एवं यही परिपूर्णता का मार्ग है।

आज स्त्रीवाद भी यही मानकर चल रहा है कि स्त्री-पुरुष भेद को दूर कर समभाव से रहना यही स्वस्थ समाज का द्योतक है। नारीमुक्ति के आन्दोलन में पुरुष का सहचिन्तन परमावश्यक है, स्त्री के साथ पुरुष की सह-यात्रा परमावश्यक है। इसलिए बारहवीं सदी का कन्नड़ वचन साहित्य स्त्री मुक्ति के लिए उत्साह का काल था।

स्त्रीवाद नारीमुक्ति का ही भाव नहीं बल्कि शोषित पुरुषवर्ग की मुक्ति भी चाहता है। शोषित समाज का उसकी ही भावना से मुक्ति चाहता है। स्त्री-पुरुष दोनों में स्वाभिमान और स्वावलम्बन की मानसिकता स्त्रीवाद प्रस्तुत करता है। एक-दूसरे के प्रति आदर का भाव भी स्त्रीवाद की बहुत बड़ी देन है। स्त्री तो पुरुष के प्रति आदर भाव रखती ही थी। पर शरण साहित्य के सन्दर्भ में शिवशरणों ने सदैव स्त्री व्यक्तित्व का आदर किया है। सिद्धराम शरण ने कहा है कि :

स्त्री, स्त्री मात्र नहीं है, वह राक्षसी नहीं है,
स्त्री साक्षात् कपिलसिद्ध मल्लिनाथ है।

बसवेश्वर अल्लम प्रभु, सिद्धरामेश्वर जैसे सभी शरणों ने स्त्री की महानता का इस प्रकार आदर करते हुए सामाजिक, सांस्कृतिक और धार्मिक आयामों में स्त्री व्यक्तित्व की जबरदस्त स्थापना की है।

स्त्री चिन्तन सम्बन्धी लेखन कार्य में महिलाएँ कई आयामों से लिख रही हैं। कन्नड़ साहित्य सन्दर्भ में आज लेखिकाएँ तीन क्षेत्रों में लिख रही हैं :

(1) परम्परावादी सामाजिक, धार्मिक और सांस्कृतिक व्यवस्था को स्वीकार करते हुए यजमान-संस्कृति का गुणगान, धर्म-कर्म और अन्धविश्वास की प्रशंसा करते हुए वास्तविकता-वैचारिकता और कलात्मकता की उपेक्षा करते हुए भ्रमात्मक लोक का निर्माण करनेवाली लेखिकाएँ।

(2) हर स्त्री समस्या के लिए पुरुष वर्ग को दोष देते हुए, समाज की मूल समस्याएँ जैसे गरीबी, बेरोजगारी, जातिव्यवस्था और असमानताओं की ओर ध्यान नहीं देते हुए स्वच्छंद लेखन।

(3) इन दो मार्गों से हटकर ऐतिहासिकता की पृष्ठभूमि में साहित्य-संस्कृति एवं जीवन का विवेचन करते हुए, स्त्री शोषण के इतिहास पर प्रश्न करते हुए, सम-संस्कृति की स्थापना के लिए जागरूक लेखनीवाली लेखिकाएँ।

आज कन्नड़ में अन्तिम प्रकार की लेखिकाओं की पीढ़ी समृद्ध है। आश्चर्य यह होता है कि आज तक लगभग आठ सौ वर्ष पूर्व वचन साहित्य के युग की स्त्रियों ने भी इसी आयाम के काव्य की रचना की है। स्त्री-पुरुष असमानताओं की जड़ परम्परा पर उन्होंने प्रश्न किए हैं :

मिलन के सन्दर्भ में पति-पत्नी,
का अस्तित्व भिन्न हो सकता है,
ज्ञान के सन्दर्भ में भिन्नता कैसी?

—आय्दक्की लक्कम्मा

स्त्री को त्यागकर लिंगाराधना
की बात की जाती है
स्त्री और इष्टलिंग में क्या विरोध है?

—गजेश मसणय्या की पुण्य स्त्री

वास्तविकता और वैचारिकता के स्तर पर स्त्री-पुरुषों की मानव शक्ति की समानता की बात इन कवियों ने की है :

थन चोटी से स्त्री कहलाएगी,
मूँछ और काछ से पुरुष कहलाएगा,
दोनों में स्थित ज्ञान न स्त्री है न पुरुष,
हे नास्तिनाथ!

—गोगव्वे

इस साहित्यिक आन्दोलन ने स्त्री में स्वाभिमान, स्वावलम्बन और निडरता का स्वभाव भर दिया था, जो स्त्रीवाद का मूल मंत्र है। अक्कमहादेवी लोकनिन्दा और संघर्षों से नहीं डरती थीं। उसमें स्त्री चिन्तन ने यहाँ तक साहस भर दिया था कि वह कहती हैं :

कल जो आनेवाला होगा, आज आने दो,
आज जो आनेवाला होगा, अब आने दो,
अब-तब न कहो हे चन्नमल्लिकार्जुन!

वे अध्यात्म के चिन्तन में भी बड़ी गहराई से डूब जाती हैं। शिवशरणों के साथ समान रूप से 'शिवयोग चिन्तन' में भाग लेती और लिखती हैं।

आज स्त्रीवाद की स्वस्थ अभिलाषा भी यही है कि स्त्री को इस समाज में व्यक्तित्व विकास के समान अवसर मिलें। उसमें स्वाभिमान एवं स्वावलम्बन हो एवं देश के सामाजिक, सांस्कृतिक, राजकीय-वित्तीय विकास में उसकी सक्रिय भागीदारी हो। इस लक्ष्य को हासिल करने के लिए चिन्तनशील और संघर्षशील स्त्रीवर्ग को विचारवान पुरुषवर्ग के सहयोग से जंग जारी रखना आवश्यक है। जग को अर्थपूर्ण और सक्रिय करने हेतु जहाँ कहीं भी प्रेरणा के प्रकाश-कण हों उसे सहज ही स्वीकार करना सही निर्णय है। विशेषत: जब भारतीय साहित्य-सांस्कृतिक इतिहास में ऐसे सन्दर्भ हैं तो उसे प्रेरणा के रूप में स्वीकार कर लेना चिन्तन के लिए प्रेरणा की असीम धाराएँ हैं।

जब सारा यूरोप सोया हुआ था, अमेरिका में सोलहवीं सदी में अभी गुलामी पद्धति जारी थी, हिन्दी साहित्य के भक्तिकाल में कबीर आदि संत जातिव्यवस्था और अस्पृश्यता का विरोध कर रहे थे, पर उन्होंने भी स्त्री को साधना के मार्ग में बाधक समझा था, वह भी चौदहवीं सदी में। तो वहीं बारहवीं सदी में कन्नड़ में महिलाएँ, विशेषत: श्रमिकवर्ग की महिलाएँ अधिक संख्या में काव्य लिख रही थीं। काव्य का उद्देश्य था सामाजिक हित और स्वस्थ समाज की स्थापना की परिकल्पना। शिवशरणियों के काव्य का आदर्श समाज था, सब प्रकार की समानताओं का समाज, शोषण रहित समाज, स्त्री वर्ग के स्वाभिमान का समाज। वेश्या वर्ग की स्त्री यहाँ काव्य की रचना करती थी, पुरुषवर्ग से प्रश्न करती, साथ-साथ चिन्तनशील पुरुष वर्ग का आदर भी करती थी।

अब मेरे सामने प्रमाण हैं कि हिन्दी में लिखा साहित्य ही भारतीय साहित्य नहीं है। हर भारतीय भाषाओं में लिखा साहित्य भारतीय साहित्य है। हाँ, हिन्दी में आज वह उपलब्ध है तो अधिक पाठकों तक, विशेषत: सभी भारतीय भाषाओं के सन्दर्भ में पढ़ रहे पाठकों तक भी पहुँच पाता है वहाँ के गिने-चुने हिन्दी पाठकों द्वारा।

इसलिए वचन साहित्य की शिवशरणियों की रचना हिन्दी द्वारा भारतीय स्त्री चिन्तन साहित्य का मुख्य पाठ्य हो। जनभाषा कन्नड़ में वचन साहित्य रचा गया। एक भाषा के विकास की चरम सीमा जिसे हम कह सकते हैं, वह यहाँ सम्भव हुआ था। एक वचनकार लिखते हैं, 'करोड़ों वचन लिखकर थक गया जी!' भले ही करोड़ों की संख्या में नहीं पर लाखों की संख्या में वचनों की रचना यहाँ हुई थी। अध्यात्म की सूक्ष्मातिसूक्ष्म और समाजमुखी सहज-सरल विचारों की अभिव्यक्ति की शक्ति इस भाषा को प्राप्त हुई थी। विशेषता यह है कि स्त्रीवर्ग भी समान रूप से इसके लिए कारण था।

अल्लमप्रभु

समचित्तवाले शरणों को
मठ, पर्वत, जन, निर्जन की चिन्ता क्यों?
हे गुहेश्वर जो अपने आप को जानता है
उसे बाहर की चिन्ता क्यों?
जप,तप, ध्यान मौन की चिन्ता क्यों?

बारहवीं सदी के कन्नड़ वचन साहित्य आन्दोलन के शरण संकुल में अल्लमप्रभु का विशेष स्थान था। अल्लमप्रभु भारत देश के सहस्त्रमान की प्रतिभा मानी गई है। इस वचन में अल्लमप्रभु कह रहे हैं कि मनुष्य अपने आप को अपने अन्दर पहचानने से विमुक्त होकर बाहरी तीर्थ क्षेत्र, बाहरी पूजा-आराधना में व्यर्थ ही लगा हुआ है। लोगों के इस भावनात्मक ग्रभों को पुरोहितशाही वर्ग सदैव शोषण करते आया है। आम भक्तों के इस द्वन्द्व को दूर कर, पुरोहितों के अहंकार को तोड़कर स्व को पहचानने, अपने अन्दर झाँककर चिन्तन करने की आवश्यकता पर जोर देते हुए जप, तप, मठ, मन्दिरों में व्यस्त मनुष्य मानकसिता के खोखलेपन को दूर करना चाहते हैं।

इनके वचनों में भाषा की सूक्ष्मता और उसकी असीम शक्ति का दिग्दर्शन होता है। समाज में कई प्रकार की असमानता के कारण व्यक्ति के व्यक्तित्व का परिपूर्ण विकास असम्भव है। अध्यात्म और समाजमुखी चिन्तन में लोगों की भागीदारी को बड़ी ही सांस्कृतिक कुटिलता से दूर रखा था। वर्णव्यवस्था, जातिवाद और अस्पृश्याचरण की पृष्ठभूमि में भारतीय समाज चूर-चूर हुआ था। इसलिए शरणों ने पूर्णरूपेण सामाजिक परिवर्तन के प्रामाणिक प्रयास किए थे। ये सुधारवादी नहीं, बल्कि परिवर्तनवादी थे। इसे अल्लमप्रभु का एक वचन स्पष्ट रूप से अभिव्यक्त करता है। वह वचन निम्न प्रकार चलता है—

अज्ञान के पालने में
ज्ञान के शिशु को सुलाकर
वेद शास्त्र की रस्सी बाँधकर

भ्रम की माँ लोरी गाकर शिशु को सुला रही है;
पालने को बिना तोड़े
रस्सी को बिना चूर किए
लोरी को बिना बन्द किए
गुहेश्वर का दर्शन और साक्षात्कार
असम्भव है।

इस तरह ज्ञान को भ्रम में रखकर सोने दोगे तो मनुष्य जागृत होगा कब? वेदशास्त्रों के जाल में फँसे रहोगे तो स्व-चिन्तन करोगे कब? इसलिए मनुष्य केन्द्रित चिन्तन की चेतना को जागृत करना आवश्यक है, प्रवेशिका की इन दो-तीन बातों के साथ अल्लमप्रभु की जीवनी की ओर चलना आवश्यक लगता है।

जीवनी

अल्लमप्रभु का जन्म स्थान शिवमोगा, जिला शिकारीपुर तालुका के बळ्ळिगावे नामक गाँव (कर्नाटक) में हुआ था। इनके माता-पिता का नाम निरहंकार और सुज्ञानी देवी था। अल्लमप्रभु अल्लम, अल्लय्य, अल्लमय्य के नामों से भी जाने जाते थे। अल्लमप्रभु का जन्म स्थान बळ्ळिगावे उस समय में बौद्ध, जैन और शैवों का प्रसिद्ध केन्द्र माना जाता था। वह काळामुख, पाशुपथ, लकुलीश और अन्य शैव चिन्तनों का जागृत केन्द्र बना हुआ था। इन सभी चिन्तन मार्गों से प्रभावित होकर अल्लमप्रभु ने सारे भारत का भ्रमण किया था। प्रतिष्ठापित सामाजिक जड़ मूल्यों को इन्होंने सदैव प्रश्न किया है।

अल्लमप्रभु पर कन्नड़ के श्रेष्ठ कवि चामरस ने 'प्रभुलिंग लीले' नामक महाकाव्य की रचना की है, जो अल्लम के अध्ययन को लेकर कन्नड़ साहित्य में इसका विशेष जनप्रिय स्थान है। इसमें कवि ने अल्लम को 'मायाकोलाहल' भी कहा है। स्वयं अल्लमप्रभु ने अपने वचनों में विविध नामों का प्रस्तुतीकरण किया है। डॉ. जयश्री दंडे ने लिखा है कि अल्लमप्रभु ने ही अपने दो वचनों में 'अल्लमप्रभु' पाँच वचनों में 'प्रभु', छह वचनों में 'अल्लम', चौदह वचनों में 'अल्लय्य' एवं एक वचन में 'अल्लमय्य' के रूप में अपने नामों के बहुत्व को अभिव्यक्त किया है।

इनके वचन

अल्लमप्रभु की काव्याभिव्यक्ति में 'शून्य' का विशेष स्थान है। 'बयलु' (मैदान Space?) अल्लम की विशेष अभिव्यक्ति शैली है। किसी शब्द को 'एक अर्थ' में

बन्द करना वे कभी नहीं चाहते हैं। शब्द और शब्दार्थ की उनकी विशेष परिभाषा कन्नड़ में प्रसिद्ध है। लिखते हैं—

पत्थर में स्थित अग्नि
की जलने की स्थिति दिखती नहीं है वैसी
बीज में स्थित वृक्ष
बोलने की स्थिति में नहीं है वैसी
पर तत्त्व न दिखाई पड़ता न प्रसारित होता है
गुहेश्वर की अनुभावी स्थिति का सुख अनुभावी ही जानता है।

अनुभावी में तात्त्विकता का साधना सुख पत्थर की अग्नि की तरह शब्द में अर्थ की स्थिति अवर्णनीय है।

शिवशरणों की साधना स्थिति को अल्लमप्रभु 'शिशु का देखा हुआ सपना' कहते हैं। शिशु अपने सपनों का वर्णन नहीं कर सकता है। इसी तरह ज्ञान में उदित और इसलिए अज्ञान में विस्मृत शरण की स्थिति भी अवर्णनीय है। वह स्थिति न समझ में आती है न बताई जा सकती है। कई शब्दों में व्याप्त अर्थ अवर्णनीय एवं अभिव्यक्ति की सीमा से परे हुआ करता है 'शिशु का देखा सपने की तरह।' इस प्रकार भाषाभिव्यक्ति की अनिर्वचनीयता और रोचकता अल्लम के वचनों की विशेषता है। यह वचन देखा जा सकता है—

ज्ञान में उदित हो, विस्मरण नष्ट हुए
शरण की रीति
समझी जा सकती है क्या?
उसकी स्थिति
बताई जा सकती है क्या?
शिशु के देखे सपने की तरह
हैं आपके शरण, हे गुहेश्वर!

शिवशरण एवं शिवशरणियों का काव्यार्थ चिन्तन-मंथन, अध्यात्म एवं लोकहित चिन्तन का लयबद्ध समन्वय, सर्वोपरि समानता की सिद्धि साधना, भारतीय श्रमिक वर्ग के स्त्री-पुरुषों की सामूहिक प्रतिभा की अभिव्यक्ति की गरिमा की श्रेष्ठता वचन साहित्य की बहुत बड़ी देन है। शरण संकुल के केन्द्र में बसवेश्वर महान संघटक और महान सृजनशील व्यक्तित्व थे। तो अल्लमप्रभु प्रतिभा का शिखर और शरण संकुल की अध्यात्मिक और काव्यात्मक अभिव्यक्ति प्रक्रिया के महान मार्गदर्शक

थे। अनुभव मंटप जहाँ अध्यात्म, वचन काव्य, तात्त्विकता का चिन्तन श्रमिक वर्ग, स्त्री वर्ग, दलित वर्ग करता है, उस अनुभव मंटप की अध्यक्षता अल्लमप्रभु करते थे। जैसा कि पहले ही कहा जा चुका है कि अल्लमप्रभु इस सहस्त्रमान की भारतीय प्रतिभा के महाप्रकाश थे। सैकड़ों की संख्या में शरण-शरणियों ने चिन्तन और वचन लेखन में कल्याण में एकत्रित थे। हर कोई शरण कोई न कोई कायक (श्रम) करते थे, कायक में प्रामाणिकता, नि:स्वार्थता, दुराशाओं से मुक्त तात्त्विकता थी। दिन भर कायक और शाम में अनुभव एवं अनुभाव के सामूहिक चिन्तन का सुख—यह था वचन साहित्य का जनवादी सृजनशीलता का काल सन्दर्भ। यहाँ एक-दूसरों के प्रति सद्भावना थी, एक-दूसरों के प्रति अध्यात्म साधना और वचन सृजन में मार्गदर्शन और विमर्श-प्रशंसा थी। इसीलिए, मुझे लगता है, युग युगों से उपेक्षित वर्ग को चिन्तन करने, बोलने और लिखने का सुअवसर मिला था। यहाँ अल्लमप्रभु के एक-दो ऐसे वचनों का जिक्र करना चाहता हूँ जिनमें कल्याण (कर्नाटक, बीदर जिला) की अनन्य सृजनशीलता का वर्णन देखने को मिलता है। बड़े ही काव्यात्मक शैली में अल्लम जी वचनान्दोलन में क्रियाशील शरण संकुल की महानता का वर्णन अपने एक वचन में करते हैं। कहते हैं, कल्याण एक दीपक है, भक्तिरस उसमें तेल है, सदाचार बाती है, बसव की ज्योति के स्पर्श से वहाँ शिव (कल्याण Welfare) प्रकाश प्रकाशमान है, इस प्रकाश में असंख्य शरण वर्ग प्रकाशित हैं, जहाँ ऐसे शरण वर्ग रहा करते हैं वही मुक्तक्षेत्र-पुण्य क्षेत्र है। ऐसे शरणों में संगनबसवण्णा, सिद्धरामेश्वर जैसे शरणों के सत्दर्शन से अल्लमप्रभु अपने आपको धन्य समझते हैं। वचन देखें—

कल्याण रूपी दीये में
भक्तिरस रूपी तेल भर कर
आचार रूपी बाती को
बसवण्णा रूपी ज्योति का स्पर्श करते ही
चमक-दमक कर जगमगा रहा था
शिव प्रकाश!
उस प्रकाश में विराज रहे थे
वे असंख्य शरण भक्त गण!
क्या यह बात झूठ है?
कि जहाँ ऐसे शिव भक्त शरण
रहते हों वह अविमुक्त क्षेत्र है?
क्या यह बात झूठ है?

कि जहाँ ऐसे शिव भक्त शरण
रहते हों वह देश पावन है?
गुहेश्वर लिंग में अपने परमाराध्य
संगनबसवण्णा को पाकर
मैं धन्य हुआ जी, हे सिद्धरामय्या!

यों तो अल्लमप्रभु कभी दूसरों को सन्तुष्ट करने के लिए बोलते-लिखते नहीं थे। शरण संकुल की उपस्थिति, उनकी साधना की महानता का वर्णन हृदय भरकर करते हैं अल्लमप्रभु। कल्याण में देखना, बोलना, चलना, स्पर्श करना सब कुछ महान है उनके लिए। एक ऐसा वचन—

जो भी देखा पावन है
जो भी सुना परमबोध है
जो भी छुआ परुष का स्पर्श है
जो भी बोलते हैं सत्य सद्योन्मुक्त है
जहाँ चलते हो वह जगत-पावन है
जहाँ भी पाँव धरे वह अविमुक्त क्षेत्र है
जहाँ का भी जल छुओ वह पुण्य तीर्थ है
नमन करके भक्ति करनेवाले
सारे शरण सायुज्य हैं।
हे गुहेश्वर आपके शरणों के
अस्तित्व की गरिमा की
उपमा नहीं दी जा सकती है जी!

कल्याण के शरण संकुल की साहित्यिक और अध्यात्मिक जन संस्कृति की भूरि-भूरि प्रशंसा करनेवाले अल्लमप्रभु के वचनों में सत्संग का महत्त्व एवं जीवन में पंचेन्द्रियों को सन्तुलित रखने के महत्त्व की अभिव्यक्ति भी बड़ी सुन्दरता से देखने को मिलती है। कहते हैं—

जहाँ हो काली मिट्टी, वहाँ ईख की फसल होगी अच्छी
जहाँ हो अच्छा सम्पोषण वहाँ फसल शक्तिवान है
जहाँ हो दारिद्र्य वहाँ जड़ नींद होगी ही
जहाँ हो पहलवान और वेतन पाता सैनिक
वहाँ लड़ाई भयंकर होगी
जहाँ हो हमारे शिव की कृपा

सम्पोषित शरण वहाँ बुद्धि बढ़ेगी
इसे देखकर विस्मित हुआ अपना गुहेश्वर।

कई उदाहरण देते हुए सत्संग के महत्त्व को दर्शाया जा रहा है। स्वस्थ मिट्टी है तो फसल स्वस्थ है, पोषण स्वस्थ है तो फसल स्वस्थ है, जहाँ पहलवान और सैनिक हैं तो वहाँ लड़ाई है। अर्थात् जैसा संग है वैसा प्रतिफल है। यह तो जीवनानुभव है। विशेष है कि जहाँ शिव कृपा है वहाँ ज्ञान का विकास है, विचारों का विस्तार है और एक वचन ऐसा है—

अपने दो पाँव पहिये हैं भाई
यह देह भरी हुई गाड़ी है भाई
गाड़ी हाँक रहे हैं पांच जन
उनमें तालमेल नहीं है
उनकी इच्छा जाने बिना हाँकेंगे
तो गाड़ी की धुरी टूटेगी, हे गुहेश्वर!

पंचेन्द्रियों की चंचलता पर संयम चाहिए और उनमें स्वस्थ समन्वय चाहिए। यदि ऐसा नहीं हुआ तो जीवन की गाड़ी चूर-चूर हो जाएगी। स्वस्थ समन्वय विचार और आचारों में, स्वस्थ समन्वय पंचेन्द्रियों की क्रियाशीलता में ही जीवन को सफल बनाने का रहस्य है।

विश्व में विरल साहित्यो-सामाजिक आन्दोलन बारहवीं सदी में कर्नाटक के कल्याण में इसीलिए सम्भव हुआ है क्योंकि वहाँ ऐसी सृजनशीलता के लिए काली मिट्टी थी, समृद्ध प्रेरणा का सुजल था, विशेष कर शरणों ने प्रेरणादायक सृजनशील भूमि का निर्माण किया था। इसीलिए अल्लमप्रभु और सब शरणों के लिए यह धरती पावन है।

अल्लमप्रभु अन्तरंग-बहिरंग व्यक्तित्व विकास की चरमसीमा की ऊँचाई पर थे। स्तरीय आलोचनाओं की दृष्टि से उनका व्यक्तित्व सबसे भिन्न था। उनके विरल ज्ञान के प्रकाश से हर कोई प्रभावित होता था जो सम्पर्क में आता था। साधना और ज्ञान की प्यास ने अल्लम को शादी-विवाह की सीमा में बँधने नहीं दिया। वह तो आकाश थे, सोच-विचारों में मुक्त थे, सदैव घुमक्कड़ चलनशील जंगम थे। इसी दिशा में अल्लम के व्यक्तित्व का विकास हुआ।

कल्याण की ओर...

अल्लमप्रभु अन्तरंग-बहिरंग में ज्ञान के बड़े प्यासे थे। कल्याण और वहाँ के शरण संकुल के बारे में सुन रखा था। कारण कल्याण की ओर अल्लम की यात्रा एक

अध्यात्मिक प्रसार की यात्रा थी, कई ज्ञान जिज्ञासुओं से आमने-सामने होने की यात्रा थी, स्वयं को आत्मविकास के लिए प्राय: इष्टलिंग की प्राप्ति की भूख की यात्रा थी। प्राय: कल्याण मार्ग में और कल्याण में अल्लम को वह सब प्राप्त हुआ जिसकी आवश्यकता वे महसूस कर रहे थे। फिर भी मार्ग में कई ज्ञानपिपासुओं की भूख मिटाने का प्रयास करते हैं, कल्याण में ज्ञान जिज्ञासा अध्यात्म जिज्ञासा करते हैं। वचन काव्य की रचना करते हैं फिर भी अतृप्त हैं क्योंकि श्रीशैल की कदळी उनका अध्यात्म केन्द्र है, साधना केन्द्र है। अल्लम का सारा जीवन लगातार साधना की यात्रा है, लिंगांग समरस के सत्-चित्-आनन्द के असीम सुख की साधना है। कल्याण यात्रा में जितने-कितनों को उन्होंने मार्गदर्शन किया था, कितनों को कल्याण के शरणानुभव मंटप की ओर आकर्षित किया था जिससे वे 'अनुपम चरित, अल्लम की उपमा अल्लम से ही सम्भव' कहलाते हैं। अल्लम दूसरों को ज्ञान दीक्षा इसलिए दे पाते थे क्योंकि बाल्य शिक्षणकाल में उनको ऐसा शिक्षण मिला था।

बळ्ळिगावे उस समय काळामुख शैव केन्द्र था। पिता निरहंकार बळ्ळिगावे नागवासाधिपति थे। पिता के नागाधिपति के गुण अल्लम में आ चुके थे। पिता से मृदंगवादन विद्या प्राप्त कर चुके थे। वेदागमशास्त्रों और पुराण लोकगीतादि अध्ययन से सम्पन्न हुए थे। पर उस विद्या से अल्लम संतृप्त नहीं थे। लगता था कि यह सब तर्क-वितर्क, वाद-विवाद के लिए उपयोग है न कि अन्तरंग-बहिरंग में व्यक्तित्व विकास के लिए उपयोगी है। ऐसी नीरस और आलंकारिक विद्या किस काम की? ऐसी विद्या से व्यक्ति ज्ञानाहंकार के भ्रम में भटक जाता है। यह विद्या तो भक्ति युक्ति मुक्ति के मार्ग से दूर, शब्द मोही नीरस पांडित्यप्रदर्शन मात्र लगती है। व्यक्ति को मुक्त चिन्तन की शक्ति देनेवाली विद्या के भूखे थे अल्लम, अन्तर्-बाह्य ज्ञान प्रकाश देने की विद्या के भूखे थे अल्लम। इसकी खोज में अल्लम कल्याण की ओर निकल पड़ते हैं।

अल्लम की युवावस्था विश्व के समस्त ज्ञान प्राप्त करने की जिज्ञासा की स्थिति की थी। जीवन तूफानों से घिरा हुआ है, झाड़-झंखाड़-काँटों से भरा हुआ है, सागर के भयंकर लहरों से भरा हुआ है। आत्मबल से इनको पार करने की शक्ति देता हुआ ज्ञान अल्लम को चाहिए था और उसे अल्लम ने अर्जन किया था।

विश्वात्मा का प्रतीक है लिंग, विश्व ज्ञान का प्रतीक है लिंग, भक्ति भाव ज्ञान की अभिव्यक्ति का प्रतीक है लिंग। महाज्ञान का प्रतीक, महाप्रकाश का प्रतीक लिंग अल्लम को इष्टलिंग, प्राणलिंग, भावलिंग के प्रतीक के रूप में अनिमेष योगी से प्राप्त हुआ है। अनिमेष एक गुफा में शिवयोग ध्यानस्थ स्थिति में था, उसके करस्थळ में लिंग है, अनिमेष लिंगैक्य स्थिति में अपने करस्थल के चैतन्य लिंग

अल्लम को सौंप देते हैं। लगता है अनिमेष अल्लम की प्रतीक्षा में थे और अल्लम इसे प्राप्त कर अपने आपको धन्य समझते हैं। अब अल्लम निर्भय शरण है, संसार के असीम दु:ख ताप से जलता जीव को 'शिवज्ञानाग्नि' की प्रभा से परिवर्तित महाशरण की स्थिति अल्लम की है।

अनिमेष के करस्थल लिंग को पाकर अल्लम को लगा कि जिसे वे ढूँढ़ रहे थे वही लिंग प्रकाशमान ज्ञान प्रतीक बनकर गुरु अनिमेष ने अल्लम के करस्थल पर स्थापित किया है। वह तो मिट्टी के देह मन्दिर में माणिक्य जैसे ज्ञान लिंग को प्राप्त कर जीवन के सत्पथ पर अग्रसर है। गुहेश्वर नामधारी यह इष्टलिंग अल्लम के करस्थल में चैतन्य का आत्मविश्वास बन जाता है, अध्यात्मिक साधना के मार्ग को आनन्दमय और क्रियाशील कर देता है। जहाँ लिंग है वहाँ हलचल नहीं है, भ्रम नहीं है, प्रलय नहीं है। अब अल्लम 'स्व को लिंग एवं लिंग को स्वयं' का अद्वैत से व्याप्त थे। बार-बार कहने लगे कि 'गुहेश्वर लिंग की प्रज्ञा जब जागृत हुआ है तो 'मैं' 'तू' का भाव नहीं रहा, एकोभाव सम्भव हुआ है।'

स्थावर लिंग अर्थात् मन्दिरों में स्थापित लिंग का अब निराकरण करने लगे। शिला को भगवान समझोगे तो तुम स्वयं जड़ बन जाओगे, लिखते हैं—

देह में ही जब देवालय है तो
अन्यत्र देवालय की आवश्यकता कहाँ है?
द्वैत का भाव न रखो हे गुहेश्वर
यदि तुम पत्थर हो तो मैं क्या हूँ?

जब पत्थर को भगवान नहीं समझोगे तो हर कहीं चैतन्य ही है। अल्लम ने सुना था कि कल्याण में अब विचार क्रान्ति शुरू हुई है। तीव्र गति से कल्याण की ओर आकर्षित हैं। कल्याण प्रवेश के पूर्व गोग्गय्या, मुक्तायक्क, सिद्धराम जैसे शरणों का दर्शन अल्लम को हुआ है।

गोग्गय्या से आमने-सामने

गोग्गय्या एक किसान है। कृषि कार्य में सत्य शुद्धता है, प्रामाणिकता है। पर अल्लम चाहते हैं कि अन्तरंग की आत्मा को भी जागृत करना है। शिवयोगी की योग सिद्धि का मार्ग समझाते हैं। तन को बगीचा बनाकर, मन को कुदाली बनाकर, भ्रम को जड़ सहित उखाड़कर चित् को साधना की ओर ले चलना है। पंचेन्द्रियों की चंचलता को दूर करना है। फिर कहते हैं, अपने आपको पहचानोगे तो सारे शब्द महा तत्त्व हैं, अपने आपको भूल जाओगे तो सारे शब्द माया मात्र हैं। तन

रूपी सरोवर को मन रूपी बाँध बाँधकर पट्विध भक्ति रूपी सोपान कर परमानन्द रूपी जल उसमें भरना है। इन विचारों को अल्लम के निम्नांकित तीन वचनों में देख सकते हैं, जिनमें गोग्गय्या को समझाने का सन्दर्भ भी है और वचन साहित्य को अल्लम की बहुत बड़ी देन भी है—

तन को बागीचा बनाकर
मन की कुदाली से भ्रान्ति की
जड़ों को उखाड़कर
लौकिक ढेलों को तोड़कर
बोया है भाई ब्रह्म बीज!
अखंड मंडल रूपी कुआँ, पवन ही रहँटा।
सुषुम्ना नाली से जल सींचूँगा,
पंचेन्द्रिय पाँच बैल नाश करते समझकर
समताभाव संयम का बाड़ा लगाकर
सदैव इस बगीचे में जागृत रहकर
इस पौधे का पालन किया है जी, गुहेश्वर!

तन रूपी सरोवर को मन रूपी बाँध बाँधकर
षट्विध भक्ति रूपी सोपानों का निर्माण हुआ हो,
परमानन्द रूपी जल भरा कर,
ऐसा सरोवर बनानेवाले किसी को नहीं देखा।
मैंने जो सरोवर बनाया है वह स्थिर है
हे गुहेश्वर, आपकी कसम!

अपने आपको पहचानोगे
तो सारे शब्द तत्त्व हैं,
अपने आपको भूलोगे
तो सारे शब्द माया हैं,
पहचान कर भी विस्मृत शिवयोगी के
सारे शब्द उपदेश नहीं तो और क्या हैं?
तेरे मन चंचलता को शान्त कर
बतिया कर देखता हूँ तो मेरे मन में
कोई मैल नहीं रहा जी,

अपने गुहेश्वर लिंग में तुम
कारुण्य शिशु होने के कारण
बतियाया तुमसे, बस, यहाँ
द्वैत है कहाँ बताओ?

अपनी साधना को समझाते हुए गोग्गय्या को भी इस मार्ग पर चलने के लिए निमंत्रण देते हैं।

मुक्तायक्का के साथ चिन्तन

मुक्तायक्का भैय्या अजगणा की मृत्यु से दुखी हैं और रो रही हैं। इसे देख अल्लम को आश्चर्य होता है। वे जानते हैं कि अजगण्णा तो विरले ज्ञानी थे। ऐसे ज्ञान के प्रति भी कुभी दु:ख होता है? मैंने भी विरह को लिंग विरह रूप में परिवर्तित किया है। इसलिए मुक्तायक्का को समझाते हैं कि अजगण्णा महाज्ञानी थे। अब तो ज्ञान में ज्ञान का समन्वय हुआ है। अजगण्णा उभय सन्देही नहीं थे, बिना भ्रम के ऐक्य स्वरूपी हैं वे। इसलिए यह समझकर रोना कि अजगण्णा का नाश हुआ है, व्यर्थ है। अजगण्णा के नाश की चिन्ता करना भ्रम मात्र है। भावना के द्वन्द्व से बाहर निकलकर शोक से मुक्त होने का सन्देश देते हैं। मुक्तायक्का समभाव को स्वीकार कर शान्त हो जाती है।

शिवयोगी सिद्धरामेश्वर का दर्शन

सोन्नलिगे (आज का सोलापुर-महाराष्ट्र) में सिद्धरामेश्वर रहते थे। शिवयोगी सिद्धराम नगर में कई प्रकार के लोक कार्य कर रहे थे। बहुत बड़ा सरोवर का निर्माण कर रहे हैं। कई हजारों की संख्या में भक्तगण इस कार्य में जुटे हुए हैं। अल्लमप्रभु सोन्नलिगे आकर सिद्धराम के लोक कार्य देखते हैं, निश्चय करते हैं कि कर्मयोगी को शिवयोगी के रूप में परिवर्तन करना चाहिए। ज्ञान दीक्षा तो स्थिर सरोवर करने का काम है।

सिद्धराम और उनके शिष्य वर्ग से निर्मित बहुत बड़ा सरोवर आज भी सोलापुर शहर के बीचोबीच लबालब जल से भरा हुआ है। अल्लमप्रभु को लगता है कि हां ऐसा लोक कल्याण कार्य भी चाहिए, पर अब तक जितना हुआ है बस! अब ज्ञानानन्द का सुख भोगना चाहिए। सिद्धराम और अल्लम आमने-सामने होते हैं। आत्मीय चर्चा-परिचर्चा चलती है, कर्म और ज्ञान के महत्त्व पर संवाद होता है,

अन्त में ज्ञान दीक्षा और लिंगदीक्षा के लिए, शरण संकुल के दर्शन के लिए कल्याण अनुभव मंटप की ओर चल पड़ते हैं। सिद्धराम आनेवाले दिनों में "प्राण में भाव नहीं है, भाव में भ्रम नहीं है—ऐसा है शरण सिद्धराम" जैसी प्रशंसा सिद्धराम को अल्लम से मिलती है।

कहते हैं कि सारी जिन्दगी कर्म करते रहोगे तो ज्ञान प्राप्ति के लिए समय कहाँ? स्थान कहाँ? कहते हैं इस वचन में—

सोने का कसना सम्भव है निकष पर
किन्तु क्या रंग को कसना सम्भव है?
सुमन को जूड़े के सिंगार में लगा सकते हैं
किन्तु क्या गंध को लगा सकते हैं?
कर्म कर सकते हैं किन्तु क्या
पर वस्तु को जान सकते हैं?
गुहेश्वर कह सकते हैं किन्तु
स्वयं लिंग होना कठिन है जी
हे सिद्धराम!

अन्त में अल्लमप्रभु के साथ सिद्धराम कल्याण के शरणसंग अनुभव मंटप पहुँचते हैं। बसवण्णा, अक्कमहादेवी, चन्नबसवण्णा और अनेकानेक शरण संकुल के सगौरव सदस्य बनते हैं।

बसवेश्वर के घर के सम्मुख

कल्याण में बसवेश्वर के ज्ञानघर के सामने अल्लम सिद्धराम के साथ खड़े हैं। बसवेश्वर पूजागृह में हैं। हड़पद अप्पण्णा से जान जाते हैं कि द्वार के सामने अल्लमप्रभु हैं। अल्लमप्रभु को लगता है कि हमारा आना बसवेश्वर को पता चलना चाहिए था और दौड़कर हमें लेने के लिए, स्वागत के लिए बाहर आना चाहिए था। क्या बसवेश्वर को हमारे स्वागत से बढ़कर लिंगपूजा ही श्रेष्ठ है? इसमें बसव का अहं दिखता है अल्लम को। इस प्रकार सदैव जागृत चैतन्य की सात्विक स्थिति शरणों की होती थी। बसवेश्वर चलकर इनका स्वागत करते हैं, क्षमा माँगते हैं। बसव तो विनय के साकार मूर्ति माने जाते हैं, भक्ति भंडारी कहलाते हैं। बसवेश्वर कहते हैं कि मेरा दोष अनंत करोड़ है, आपका क्षमा गुण अनागिनत है। बसवण्णा का विनय और क्षमा स्वीकार होता है। बसवेश्वर तो सब शरणों के साथ अल्लमप्रभु की प्रतीक्षा कर रहे थे अल्लमप्रभु को अनुभव मंटप की अध्यक्षता करनी है। और अल्लम के साथ सिद्धरामेश्वर को भी पाकर बसवण्णा अत्यन्त आनन्दित हैं।

मरुळशंकरदेव का परिचय

मरुळशंकर देव बसवण्णा के महान घर के एक कोने में बचा-खुचा प्रसाद (परिशुद्ध अन्न) सेवन करते हुए बारह वर्षों से रह रहे हैं। उनकी ओर किसी की दृष्टि नहीं गई है। अनामिक होकर रह रहे मरुळशंकर देव का परिचय सब शरणों को करवाते हैं अल्लमप्रभु। कहते हैं कि 'जिस प्रकार रास्ते की धूलि में पड़ा हीरा किसी को दिखता नहीं है, धरती में छिपी निधि किसी को दिखती नहीं है उसी प्रकार यहाँ है मरुळशंकर देव।

प्रत्येक प्रतिभा जो दूसरों की उपेक्षा का कारण होता है उसे अल्लम की दृष्टि पहचानती है।

बसवेश्वर के महान व्यक्तित्व का परिचय लेना

विनय की महाचेतना, भक्ति भंडारी बसवेश्वर के व्यक्तित्व का परिचय भी अल्लम को भलीभाँति होता है। 'ज्ञान और भ्रम' के व्यूह से मुक्त होने का मार्ग बसवेश्वर से जानना चाहते हैं अल्लमप्रभु। बसव प्रशंसा करते हैं कि 'तुम्हारे बनाने से ही मैं कुछ बन सका।' बसवेश्वर के सत्संग में रहना ही महदानन्द का विचार लगता है अल्लम को। बसवेश्वर के गुणगान करते अल्लम कभी थकते नहीं हैं। बसवेश्वर जी में हर कहीं गुरुत्व और शिवत्व (Wellfare of all) दिखता है अल्लम को। एक वचन उल्लेखनीय है—

जो शिव को गुरु समझता है वही है गुरु
जो शिव को लिंग समझता है वही है गुरु
जो शिव को जंगम समझता है वही है गुरु
जो शिव को प्रसाद समझता है वही है गुरु
जो शिव को आचार समझता है वही है गुरु

इस प्रकार इन पंच विधों को ही जिन्होंने पंच ब्रह्म समझा वे महामहिम संगनबसवण्णा—मेरे लिए भी गुरु हैं, आपके लिए भी गुरु हैं।

सारे जग के लिए भी गुरु हैं, हे गुहेश्वर!

चन्नबसवण्णा के प्रति

चन्नबसवण्णा बसवेश्वर की दीदी का युवा पुत्र है। अनुभव मंटप में उम्र से सबसे छोटे पर ज्ञान से सबमें ऊँचाई पर। लिंगायत तात्त्विकता के श्रेष्ठ ज्ञानी। अल्लमप्रभु

इनका बड़ा आदर करते थे। चन्नबसवण्णा के प्रति कहते हैं कि 'बसव बसव कहने से मैं शरीर भ्रम से मुक्त होता हूँ तो चन्नबसवण्णा कहने से प्राणमुक्त होता हूँ।' काय-प्राण इन उभय स्थल के 'निर्णय की निष्पत्ति' का अर्थ समाधान मुझे चन्नबसवण्णा आपसे मिला है। अल्लम का ऐसा कहना विशेष अर्थ रखता है। अल्लम को चन्नबसवण्णा 'प्रकाशमान ज्योति', 'सर्व भ्रम दूर करनेवाले', 'सर्व संसार सम्बन्धों से मुक्त' 'लोक लौकिकता को पार कर निज सत्य निवासी' लगते हैं। तहे दिल से चन्नबसवण्णा को अल्लम ने महाज्ञानी के रूप में स्वीकार किया है।

इस प्रकार हम देखते हैं कि महाशरण मडिवाळ माचिदेव, आय्दक्की मारय्या, नुलिय चन्दय्या, घट्टिवाळय्या, अक्कमहादेवी जैसे एक से बढ़कर एक शिवशरणों के व्यक्तित्वों से अल्लम प्रभावित होते हैं, उनके ज्ञान से लाभान्वित होते हैं, इन शरणों की तात्त्विकता में कहीं अभाव है तो उसे स्पष्ट करते हैं।

अक्कमहादेवी के व्यक्तित्व की महानता का पूरा परिचय अनुभव मंटप के सब शरणों से करते हैं। अनुभव मंटप को अनुभाव मंटप की महानता देते हुए सबसे चर्चा-परिचर्चा, वाद-संवाद में भागीदारी करते हुए कल्याण के कारणीभूत बनते हैं। वाणी को ज्योतिर्वाणी (वाणी ज्योतिर्लिंग करने की प्यास अल्लम में सदैव रही है। शब्दों के चमत्कार से यह सम्भव नहीं है, विचार-आचार को एक कर क्रियाशील होना ही 'वाणी को ज्योतिर्वाणी' करना है।

अल्लमप्रभु को अब लगता है निर्गमन का समय आ गया है। सभी शरणकुल से प्रार्थना करते हैं कि अब मुझे आगे की यात्रा करनी है, मुझे आज्ञा दीजिए। संगन-बसवण्णा के सत्संग में अपना तात्त्विक कर्तव्य करते रहिए। अवश्य ही यात्रा से लौटकर आपसे मिलने आऊँगा। जो भी अनुभव-अनुभाव मुझे प्राप्त होगा आपके सम्मुख रखूँगा शरणु शरणार्थी।

अल्लम की यात्रा अब साधना-सिद्धि केन्द्र श्रीशैल पर्वतशिखर की ओर है। मार्ग मध्य हठयोगी गोरक्ष का दर्शन होता है। उनके साथ संवाद करते हैं। कहते हैं कि काय-साधना ही श्रेष्ठ नहीं है। वज्रकाय गोरक्ष में काय-सिद्धि के अहंकार को दूर करने का प्रयास करते हैं।

अन्त में अल्लम स्पष्ट करते हैं कि साधना के बिना कहना बाह्याडम्बर है, 'यदि मैं साधना नहीं करता, केवल मात्र बोलते जाता तो मेरा कहना झूठ लगता था। गुहेश्वर लिंग के सामीप्य से दूर होता था। ऐसा नहीं हुआ इसलिए लिंग समाधि में एक होकर नित्यानन्द अनिर्वचनीयता का अनुभव सम्भव हुआ है।

अल्लम सृजनशीलता के प्रति विश्वास रखते हैं कि ''निःशब्द ज्ञान क्या शब्दों की साधना से सम्भव है?''

वचन लेखन शिखर

अल्लमप्रभु ने 'गुहेश्वर' नामक अंकित नाम से वचनों की रचना की है। अब तक उनके 2636 वचन प्राप्त हुए हैं।

स्वयं अल्लमप्रभु ने अपने वचनों की संख्या के बारे में कहा है कि दो अस्सी करोड़ (एरडेंबतु दो करोड़) वचनों की रचना कर मन तरसकर संतृप्त हुआ है। अल्लम के एक वचन में इसका प्रस्तुतीकरण है—

एक सौ साठ करोड़ (एरडेंबतु कोटि-दो अस्सी करोड़) वचन गा गा कर मेरा मन बहुत तरसने लगा, पर मन पर-तत्त्व को समझ न सका। पर-तत्त्व मन को समझा न सका। गुहेश्वर लिंग को समझने के बाद सारे वचन एक वचन में समा गए।

अर्थात् अल्लमप्रभु ने दो अस्सी करोड़ वचनों की रचना की है। उनके वचनों में अल्लमप्रभु का हृदय गीत है, मन के हजारों भावों की महानता है। शरण शिव योगी सिद्धराम ने भी एक वचन में कहा है, कि 'अल्लय्य के वचन दो अस्सी करोड़' (सिद्धराम, शरणर वचन सं. 4, वचन 1612)। इससे स्पष्ट होता है कि अवश्य ही अल्लम ने दो अस्सी करोड़ वचनों की रचना की है। महानता की क्या सीमा है? सृजनशीलता की क्या सांस्कृतिक दु:ख की बात है कि बारहवीं वचन साहित्य कालीन वचन साहित्य पर हुई क्रान्ति में वचनों की रक्षा कम हुई है, नाश अधिक हुआ है। ठीक है पर अब जितना बचा है उस अल्लम वचन में क्या नहीं है? सब कुछ है—वहाँ अल्लम ने कई साहित्य साधकों का, योगसाधकों का, परिचय भी दिए हैं।

अल्लम का कहना है कि 'वचनों की सृजनशीलता वाणी की रंगीन रीति नहीं है। त्रिलोक जानता है कि वाणी की शक्ति क्या है!' हर एक व्यक्ति जानता है कि ज्ञान और ज्ञान की विस्मृति सभी में ही है। वचन लिखने के लिए 'स्वर के साथ शब्दों को समरस करने की गुण विशेषता चाहिए। द्वैत भाव मिटकर अद्वैत भाव हर शब्द में कूट-कूट कर भरा हुआ होना चाहिए।

तो ये हैं अल्लमप्रभु।

अल्लमप्रभु के वचन

सारे अंगजीवी अशन के लिए आकर
करते हैं बातें बड़ी बड़ी लिंग की
सारे कायजीवी दुखी होकर
बोलते हैं मनमाने
उन्हें गुहेश्वर लिंग की होगी प्राप्ति कहाँ ?॥ 1॥

अंग की कांति लिंग में लय होने के बाद
अंग की कोई शंका नहीं शरण को
प्राण की कांति ज्ञान में लय होने के बाद
शब्द समूह का कोई एहसान नहीं शरण को
शरण चलेगा तो निर्गमनी है। बोलेगा तो नि:शब्दी है
गुहेश्वर के शरण का कोई चिह्न नहीं है, सुनो माता॥ 2॥

अंग के हाथ में लिंग, मन के हाथ में सांसारिकता हो जब
भाई, कैसे कहूँ तुम्हें प्राणलिंगी ?
बाहर चिह्न बनकर दीख रहा है।
तन को तन सम नहीं, मन को मन नहीं होगा सम
कैसे कहूँ तुम्हें प्राणलिंगी, गुहेश्वर!॥ 3॥

अंग पर लिंग सम्बन्ध होने के बाद
प्राण पर ज्ञान की हुई प्रतिष्ठा।
अब अन्दर बाहर का उभय एकार्थ हुआ
गुहेश्वर, आपका स्मरण करने पर॥ 4॥

अंग पर भोगा जानेवाला सुख
लिंग का भूषण बना
दावाग्नि के हाथ में घास के जल जाने जैसे
पीछे न तृण राशि थी, न आगे तृण
जब तक अंग लिंग का भेद होगा वह फलदायक
लिंगैक्य इससे पृथक् है गुहेश्वर॥ 5॥

अंग में हो जब महालिंग
हाथ का लिंग गिर जाने पर
भूमि में शरीर गाड़कर नष्ट हो जाते हैं
गुहेश्वर लिंग को न जाननेवाले मूढ़मति॥ 6॥

क्या अंगना का स्तन लिंग है?
क्या मापने का पात्र लिंग है?
क्या निकाले जानेवाली तलवार लिंग है?
क्या बकरे का विष्ट लिंग है?
क्या प्रसन्न होंगे प्रमथ? क्या प्रसन्न होंगे पुरातन शरण
और आपके भक्त?
भावभ्रम से नष्ट होकर, गुहेश्वर
आप में अनादि संसिद्ध जंगम को समझनेवाला
मात्र अकेला बसवण्णा है॥ 7॥

अंग लिंग में होकर एकमेक
समता शान्ति में होकर एकमेक
मन ज्ञान में होकर एकमेक
भाव निर्भाव में होकर एकमेक
जो रह सकेगा, वही शुद्ध शरण है गुहेश्वर॥ 8॥

अंबुधि में जा मिली नदियाँ क्या फिर लौटेंगी?
जला हुआ कपूर क्या फिर अपना रूप पाएगा?
वायु में लीन परिमल क्या लेपन के लिए आएगा?
लिंग को समझकर लिंगैक्य हुआ शरण
क्या फिर से जन्म लेगा, गुहेश्वर॥ 9॥

हाय, पूजा केवल आदत हो गई न।
हाय, प्रसाद अन्न हो गया न।
हाय, अनुभाव पथभ्रष्ट हो गया न।
हाय, षोडशोपचार जाने बिना
बरबाद हो गए न, गुहेश्वर॥ 10॥

पवित्र जल बिल्वपत्र, पुष्प धूप-दीप आरती कर
करते करते पूजा थकते जा रहे हैं।
यह नहीं जानते कि यह क्या है और क्यों है।
देखा-देखी सब कर रहे हैं पूजा,
किन्तु कुछ भी न पाकर नष्ट हो गए गुहेश्वर॥ 11॥

लाकर पवित्र जल मज्जन करना भूलनेवाले को
लाकर पुष्प पूजा करना भूलनेवाले को
लाकर नैवेद्य उसे चढ़ाना भूलनेवाले को
देखकर लिंग स्वयं को भूलनेवाले को
महाघनतत्त्व अपने में समा चुका था गुहेश्वर॥ 12॥

क्या अग्नि को शीतलता है?
क्या विष में है स्वाद?
क्या आँखों के लिए होगी ओट बताओ लिंग?
क्या लुटेरों का होगा धर्म?
क्या चोरों का होगा हृदय?
गुहेश्वर, आपके शरण
निष्कपटी हैं। यह तीनों लोक जानता है॥ 13॥

असम्भव को सम्भव करनेवाले
विलक्षण महिमावाले
क्या तुम मृत्युगामियों की पूजा
स्वीकारोगे, हे लिंगय्या?
मृत्युगामियों की पूजा
स्वीकारना क्या लज्जा की बात है गुहेश्वर?॥ 14॥

अज्ञान रूपी पालने में
ज्ञान रूपी शिशु सुलाकर
सकल वेद शास्त्र रूपी रस्सी से बाँधकर झूला,
झुलाती हुई पालने
लोरी गा रही है, भ्रान्ति रूपी माई!
जब तक पालना न टूटे, रस्सी न कटे
लोरी बन्द न हो
तब तक गुहेश्वर लिंग के दर्शन नहीं होंगे॥ 15॥

पकाये को फिर पका सकते हैं क्या?
जले हुए को फिर जला सकते हैं क्या?
ज्ञानाग्नि में तपे परम शिवयोगी को
जन्म-मरण की उभय जड़ता होगी क्या?
यह ऐसा कि
दग्धस्य दहनं नास्ति पाकस्य पचने न हि
ज्ञानाग्नि दग्ध देहस्य न च दाहो न च क्रिया
इस प्रकार
हमारे गुहेश्वर लिंग में होने के बाद एकमेक
द्वैत मिटाकर स्थिर हुए महामहिम को
नहीं है पुनर्जन्म॥ 16॥

अन्नदान कर, सत्य बोलकर
छाछ-पानी बाँटने का पौसला निर्मित कर
तालाब बनवाने से
मृत्यु के बाद का स्वर्ग सम्भव हुए बिना
शिव साक्षात्कार सम्भव नहीं।
गुहेश्वर को जानने के बाद शरण को
और क्या फल चाहिए? ॥ 17॥

अभ्यास की बात नहीं, श्रोत्र का सुख नहीं
शास्त्र की अनुभाववाली बात नहीं
न अन्दर की बात, न बाहर की बात
इसके भीतर का जाने बिना

अनुभाव गोष्ठी करने से क्या प्रयोजन?
गुहेश्वर लिंग उपमातीत है, सुनो सिद्धरामय्या ॥ 18 ॥

जब हो अमृत सागर में
तो गाय की चिन्ता क्यों ?
जब हो मेरु मध्य में
तो स्वर्ण मिश्रित धूल छानने की चिन्ता क्यों ?
जब हो श्रीगुरु सान्निध्य में
तो तत्त्व विद्या की चिन्ता क्यों ?
मुक्ति की चिन्ता क्यों ? जब हो प्रसादि
जब हो करस्थल में लिंग
गुहेश्वर, और किसकी चिन्ता ? ॥ 19 ॥

अमृत पान के बावजूद भूख बढ़ती गई
परुषविद्या पाने के बावजूद दारिद्र्य बढ़ता गया
संजीवनी फल पाने के बावजूद
मरनेवालों को देखा
सब कुछ साधने गया, कुछ भी साध न पाया
निज तत्त्व की साधना करके मैं धन्य हो गया गुहेश्वर ॥ 20 ॥

भाई, जो सत्य बोलता नहीं
सदाचार पर चलता नहीं
सद्भक्ति करता नहीं
निजमुक्ति पाता नहीं
सत्क्रिया का आचरण करता नहीं
सम्यक् ज्ञान तक पहुँचता नहीं,
ऐसे वेषधारियों के विचार को धिक्कार है
इसे देख गुहेश्वर लिंग हँस रहा है
देखो चन्नबसवण्णा ॥ 21 ॥

जिस लता को खोज रहे हो
वह स्वयं पाँव में अटकने के जैसे
पसन्द की चीज स्वयं हाथ में लगने के जैसे

गरीब, निधि से ठोकर खाकर पाने जैसे
घूमता-भटकता मैं ने
भाव के लिए अगम्य, मूर्ति को देखा,
अपने ज्ञान का विस्तार देखा
अपने अन्दर बाहर भरकर चम-चम चमक रही
अखंड ज्योति को देखा
संकेत मिटा करस्थल लिंग के
अचम्भे के दृश्य के
परमगुरु को निहारकर मैं धन्य हुआ गुहेश्वर॥ 22॥

ज्ञान पाते पाते ज्ञान बाँझ हो गया।
विस्मृत होते होते विस्मरण बाँझ हो गया।
गुहेश्वर रूपी शब्द भी सम्पूर्ण बाँझ हो गया॥ 23॥

मैं 'जानता हूँ' कहना शून्य है
मैं 'नहीं जानता हूँ' कहना भी शून्य है
ज्ञान और प्रतीक के विस्मरण में
गुहेश्वर भी शून्य है॥ 24॥

कहते हो जान गए जान गए, परन्तु कैसे जान गए, बताइए?
क्या ज्ञानी कहते हैं कि हम ज्ञानी हैं?
जिस ज्ञान को पाना सम्भव नहीं उसे पाकर
तो ऐसा रहते हैं मानो कुछ जानते ही नहीं हो॥ 25॥

ज्ञान में उदित हो, विस्मरण नष्ट हुए
शरण की रीति
समझी जा सकती है क्या?
उसकी स्थिति
बताई जा सकती है क्या?
शिशु के देखे सपने की भाँति
है आपके शरण, गुहेश्वर॥ 26॥

ज्ञान ज्ञान रट लगा रहे हो क्या ज्ञान आसान है?
बीते पथ का अवलोकन किए बगैर
वर्तमान पथ को समझा नहीं जा सकता।
भविष्य के पथ का रूप स्पष्ट हुए बगैर
एक पग भी स्थिर नहीं हो सकता।
भूमि छोड़कर आकाश में स्थित होकर
बादलों में बिजली चमके बगैर
देवत्व सम्भव नहीं।
गुहेश्वर क्या आसानी से प्राप्त होगा? ॥ 27 ॥

आकाश से बढ़कर क्या कोई तरु गिरि है?
निराकार से बढ़कर क्या कोई साकार है?
गुहेश्वर लिंग से बढ़कर क्या कोई सूत्रधार है,
संगनबसवण्णा? ॥ 28 ॥

बकरे के लिए शत्रु बने न!
जंगली पौधे के लिए मृत्यु निमित्त बन गए न!
ज्ञान की बात समझाकर
श्री गुरु लिंग - प्रतीक हाथ में देने पर
ज्ञान को विस्मृत कर
केवल प्रतीक चिह्न को पूजनेवाले
भेड़ों को देखो गुहेश्वर ॥ 29 ॥

आदि के तीनों युगों में देव दानव मानव
माया मोह में पड़कर वहीं तड़प रहे हैं।
वेष उनका कोई भी क्यों न हो, तामसधारी हैं
काम-क्रोध-लोभ से न होकर मुक्त
नाना वेष धरे हुए ढोंगी हैं।
न भरनेवाले घाव को कौन देगा दवा भला?
गुहेश्वर यह क्या है?
बुजुर्ग तो लौकी के रंग के कद्दू के जैसे ढोंगी हैं ॥ 30 ॥

मैं तू का भाव नहीं है,
अपने को समझने के बाद कुछ भी नहीं है, नहीं है।
जो नहीं है, वह आएगा कैसे, कहाँ से?
उसे समझकर, तन को बिसर जाने वाला ही
भावरहित गुहेश्वर है॥ 31॥

किसी भी जात का क्यों न हो
पूर्व शरणों के चरित्र के पथगामी होकर
गुरु लिंग जंगम को अर्थ, प्राण, अभिमान देकर
अहंकार रहित हुए महात्माओं के
जूठा ताम्बूल खाऊँगा, उनके मैले कपड़े पहनूँगा।
उनकी दोनों पादुकाओं को सिर पर
ढोकर जीऊँगा,
उन शरणों के दासों का दास बनूँगा
हर जन्म में, गुहेश्वर॥ 32॥

लोभ के पीछे मरे करोड़ों लोग
आमिष के पीछे मरे करोड़ों लोग
सोना, नारी और भूमि के पीछे मरे करोड़ों लोग।
तेरे पीछे कोई मरा हो, ऐसा किसी को
मैं जानता नहीं गुहेश्वर॥ 33॥

आशा रूपी शूल पर वेष रूपी लाश के समान बैठे
धरा पर जो बड़े लोग हैं वे कैसे मिट गए देखो
आशा-प्रलोभन के पीछे पड़े हुए बुजुर्गों को देखकर
मुझे घृणा हुई, गुहेश्वर॥ 34॥

इक्षुदंड की मिठास में ऊपर नीचे का भेद है
मगर शक्करदंड में क्या ऊपर नीचे का भेद है?
परुष मणि को ऊपर नीचे का भेद है
मगर शुद्ध सोने के लिए क्या कोई निकष है?
'है' या 'नहीं' का सन्देह जब दूर होगा तब
गुहेश्वर लिंग स्वयं वही है, सिद्धरामय्या॥ 35॥

इष्टलिंग को दिखाकर मृष्टान्न को स्वयं
चखनेवाले को होगी कहाँ इष्टार्थ की सिद्धि?
कहाँ का लिंग? कहाँ का जंगम?
कहाँ का पादोदक, कहाँ का प्रसाद?
करके मनमाना व्यवहार
सबके सब उजड़ गए गुहेश्वर, आपकी कसम! ॥ 36 ॥

जूठन निगलकर, भूख मिटाकर
मेंड़ पर लेटे नींद ली
निहार-निहार कर तेरी राह का सुखानुभव किया।
तेरे विरह में
गुहेश्वर, मैं नेत्र-समरसी बन गया ॥ 37 ॥

उदक मज्जन नहीं, पत्र पूजा नहीं
धूप परिमल नहीं, कांस्य प्रकाश नहीं
नैवेद्य अर्पण नहीं।
वह इस प्रकार है—
सज्जनता ही मज्जन है
सत्य सदाचार ही पत्र-पुष्प है
अष्टमदों का जलाना ही धूप है
नयन ही स्वयं ज्योति है
संतृप्ति ही अर्पण है देखो, गुहेश्वर ॥ 38 ॥

ढोंगी गुरु का ढोंगी शिष्य
ढोंगी लिंग-ढोंगी जंगम
ढोंग रचकर प्रसाद लेनेवाला गुरु
जिसका शिष्य भव का भृत्य
ये दोनों जैसे अन्धे ने अन्धे को ठेला,
दोनों भटक गए गुहेश्वर ॥ 39 ॥

उभयदृष्टि एक दृष्टि में जैसे दीखेगी
वैसे ही दम्पती एक भाव के होने पर
गुहेश्वर लिंग को हो गए अर्पित, संगनबसवण्णा ॥ 40 ॥

आम्र वृक्ष कहाँ, कोयल कहाँ
कहाँ से कहाँ का रिश्ता?
अमलक कहाँ, कहाँ समुद्र का नमक
कहाँ से कहाँ का रिश्ता?
गुहेश्वर, कहाँ लिंग, कहाँ मैं
कहाँ से कहाँ का रिश्ता? ॥ 41 ॥

मेरे लिए एक लिंग तत्त्व, तेरे लिए एक लिंग तत्त्व
घर-घर के लिए अलग लिंग तत्त्व
तब तो भक्ति तो जल में लीन हुई न
मन जिस लिंग का स्पर्श नहीं कर सकता,
क्या छेनी उसका स्पर्श कर सकती है भला गुहेश्वर! ॥ 42 ॥

यदि मैं कहूँ कि आपको मैंने सचमुच समझा है
क्या आपको भाएगी यह बात?
मैं अपने को विस्मृत कर, आपको जानूँगा
तो उसे आपका निज रूप मानूँगा।
मैं अपने को आप में विस्मृत करूँ तो
दर्पण के प्रतिबिम्ब-सा अभिन्न रहा, गुहेश्वर ॥ 43 ॥

एक सौ साठ करोड़ वचन गा-गा कर
मेरा मन बहुत तरसने लगा,
पर मन परतत्त्व को समझ न सका,
परतत्त्व मन को समझ न सका।
गुहेश्वर रूपी लिंग को समझने के बाद
सारे वचन एक वचन में समा गए ॥ 44 ॥

क्या पत्र रहित वृक्ष चहक सकता है?
क्या जल रहित सरोवर लहरा सकता है?
शब्दमुग्ध क्या बोल सकता है?
समाजमुखी होने तक निज नि:पति कैसे सम्भव?
भ्रमाधीन मर्कट का बिच्छू के काटने के समान

हमारे गुहेश्वर लिंग में
डींग मारते न फिरो, हे भ्रांतुयोगी घट्टिवाळय्या! ॥ 45 ॥

सब सब कुछ जान सकते हैं
किन्तु मृत्यु को जनना सम्भव नहीं है।
सर्वविद्याएँ, सकल विस्तार को जान सकते हैं
किन्तु मृत्यु को जानना सम्भव नहीं है।
हरि ब्रह्म काल काम दक्षादि देव दानव
मानव सबको है मृत्यु
महापुरुषों के लिए भी है मृत्यु।
किन्तु शिव शिव, मृत्यु को समझ नहीं पा रहा है यह लोक।
संसार को विस्मृत कर लिंग में मन ध्यानस्थ
होगा तो उस महंत की नहीं है मृत्यु
मृत्यु को न समझनेवाले अधपागलों का
ज्ञान महाहानि का कारण है गुहेश्वर॥ 46 ॥

सबके जैसे बतियाते
सबके जैसे करते बर्ताव
सबके जैसे लौकिक में रहते हैं समझ
ऐसे निर्मल ज्ञानी को जिसने निजपद प्राप्त किया हो
उन्हें क्या सबके जैसे समझ सकते हैं?
उनके मनोमध्य चमचम चमक रहा
शिवज्ञान बीज बिना फले व्यर्थ जा सकता है क्या?
क्या न जलने पर भी अंगार पर दीमक लग सकती है,
गुहेश्वर? ॥ 47 ॥

मत मार, मत मार, हे कामदेव!
क्यों हो तुम्हारा बाण निरर्थक ?
काम-क्रोध-लोभ-मोह मद-मत्सर
क्या ये पर्याप्त नहीं मुझे?
गुहेश्वर लिंग के विरह में जले जनों को
फिर क्या जला सकेगा पागल काम? ॥ 48 ॥

तिल में नहीं है सुगंधी तो
तेल में कैसे आ सकती है?
देह पर इष्टलिंग स्थापित किए बिना
प्राणलिंग का हो सकता नहीं सम्बन्ध।
अतः हमारे गुहेश्वरलिंग में
इष्टलिंग का सम्बन्ध हुए बिना
प्राणलिंग सम्बन्ध असम्भव,
सिद्धरामय्या ॥ 49 ॥

चाहे कुछ भी देखो तो क्या हुआ भाई
जो अपने को नहीं देखता वह अन्धा है।
चाहे कुछ भी सुनो तो क्या हुआ भाई
जो अपने को नहीं सुनता वह बहरा है।
चाहे कुछ भी बात करो तो क्या हुआ भाई
जो अपने बारे में बात नहीं करता वह गूँगा है।
सचमुच में अपने को देखना चाहिए
सचमुच में अपने को सुनना चाहिए
सचमुच में अपने बारे में कहना चाहिए।
यही अपना अस्तित्व है, भूमिका है
स्व-स्वरूप है, गुहेश्वर ॥ 50 ॥

जानते नहीं वह क्या है, उसका क्या है स्वरूप
बताते हैं, हम जान चुके, अज्ञान मिटा चुके
जहाँ एक तत्त्व को जानेंगे वहाँ उस तत्त्व के
गुरु लिंग जंगम तीन चेहरे निकलेंगे
इन तीन को एकत्र किए बिना
वह शरण नहीं कहलाएगा, गुहेश्वर ॥ 51 ॥

पाँच तत्त्वों के संग से आया देखो भाई
पाँच तत्त्वों के संग से हुआ स्थिर
ये पाँच तत्त्व अपनी-अपनी राह चलते बनें
मैं अकेला निस्संगी रह गया न!

गुहेश्वर रूपी नित्य निरंजन रूप रहित
परतत्त्व को देखा मैंने! ॥ 52 ॥

देह में रहकर, देह का आधार बनकर
देह का स्पर्श न कर
देह को प्रज्वलित करने की रीत देखो।
उजाले का उजाला बनकर
उजाला पसारने की रीत देखो।
परम चैतन्यमय अव्यक्त गुहेश्वर लिंग को देखो॥ 53 ॥

कच्चे फल को बलपूर्वक पकाएँगे तो
उसमें स्वाद कैसा?
कामना कर, कल्पना कर, भावना करने से वह व्यर्थ है।
कल्पित भावनाओं से बेहतर है मरना
देखो गुहेश्वर॥ 54 ॥

प्रेमियों के समागम में शय्या का क्या काम?
कामोन्मत्तों को लज्जा क्या होगी?
आपको समझे हुए शरण को पूजा की अभिलाषा क्यों,
पूजा का कष्ट क्यों?
शुद्ध सोने को क्यों चाहिए कसौटी?
गुहेश्वर लिंग का होगा क्या कोई आकार? ॥ 55 ॥

बीज सहित कोई फल खा पाएगा क्या?
काया गुण सहित कोई लिंग को समझ पाएगा?
काया से कवच निकाले बिना शस्त्र चीरेगा कैसे काया को?
इस भाव को समझे बिना गुहेश्वर लिंग को
समझ पाना असम्भव, देखो, हे अंबिगर चौडय्या! ॥ 56 ॥

पढ़-पढ़कर वेद वाद का कारण बना,
सुन-सुनकर शास्त्र सन्देह का कारण बना,
जान गया जान गया कहकर आगम बिछुड़ गया।

तुम कहाँ, मैं कहाँ, की खोज में
ब्रह्म सम्पूर्ण शून्य है, देखो गुहेश्वर ॥ 57 ॥

खुली आँखों के सम्मुख यह अँधेरा कैसा है?
खुले मन के सम्मुख यह विस्मृति कैसी है?
अन्तरंग में है रणरंग, बाहर तो बड़ा शृंगार है।
क्या सांसारिक व्यवहार का मार्ग यही है गुहेश्वर? ॥ 58 ॥

जो भी देखा पावन है
जो भी सुना परमबोध है
जो भी छुआ परुष का स्पर्श है
जो भी तुरन्त बोलेंगे सत्य सद्योन्मुक्त हैं
जहाँ भटकते हो वह जगत-पावन है
जहाँ भी पाँव धरे वह अविमुक्त क्षेत्र है
जहाँ का भी जल छुओ वह पुण्यतीर्थ है
नमन करके भक्ति करनेवाले सारे शरण सायुज्य हैं
गुहेश्वर आपके शरणों के अस्तित्व की गरिमा की
उपमा नहीं दी जा सकती ॥ 59 ॥

देखा कहना, आँख का विस्मरण है,
न देखा कहना, मन का विस्मरण है,
समा गया कहना, ज्ञान का विस्मरण है,
न समा गया कहना, विस्मृति का विस्मरण है
यों देखा, न देखा, समा गया, न समा गया रूपी
इन भ्रमों को मिटाकर देखने पर
गुहेश्वर लिंग से अलग होने का सवाल ही नहीं है।
सुनो, हे माता! ॥ 60 ॥

कपूर गिरि को आग लगेगी तो
क्या उससे कोयला निकलेगा?
कोहरे से आवृत शिवालय पर
क्या धूप का कलश चढ़ेगा?

अंगारों के पहाड़ पर लाख का बाण चलाकर
फिर उस बाण को क्या ढूँढ़ पा सकेंगे?
गुहेश्वर लिंग का ज्ञान होने के बाद
फिर जानने के लिए क्या है? ॥ 61 ॥

जहाँ हो काली मिट्टी, वहाँ ईख की फसल होगी अच्छी
जहाँ हो सम्पोषण वहाँ शक्ति बढ़ेगी
जहाँ हो दारिद्र्य वहाँ नींद आएगी अच्छी
जहाँ हो पहलवान और मासिक वेतन सैनिक, वहाँ लड़ाई भयंकर होगी
जहाँ हो हमारे शिव की कृपा सम्पोषित शरण
वहाँ बुद्धि बढ़ेगी
इसे देखकर विस्मित हुआ हमारा गुहेश्वर ॥ 62 ॥

करस्थल का लिंग, मनस्थल में वेद्य होकर
मनस्थल का लिंग सर्वांग में वेद्य होने के बाद
वहाँ भिन्न भाव के लिए क्यों होगी गुंजाइश बताओ तो?
गुहेश्वर रूपी लिंग में एकमेक होने के बाद
द्वैत के लिए कोई स्थान नहीं है चेन्नबसवण्णा ॥ 63 ॥

कल्याण रूपी दीये में
भक्तिरस रूपी तेल भरकर
आचार रूपी बाती में
बसवण्णा रूपी ज्योति का स्पर्श करते ही
चमक-दमक कर जगमगा रहा था
शिव का प्रकाश।
उस प्रकाश में विराजे थे वे असंख्य भक्त महागण!
क्या यह बात झूठ है कि जहाँ हों शिवभक्त
वह अविमुक्त क्षेत्र है?
क्या यह बात झूठ है कि जहाँ हों शिवभक्त
वह देश पावन है?
गुहेश्वर लिंग में अपने परमाराध्य
संगनबसवण्णा को पाकर मैं धन्य हुआ, सिद्धरामय्या ॥ 64 ॥

पाहन के अन्दर की आग न जलने के जैसे
बीज के अन्दर का वृक्ष न रणित हो जैसे
दिखाई न पड़ता, न प्रसारित होता परतत्त्व
गुहेश्वर की स्थिति अनुभावी ही जानता है ॥ 65 ॥

चोर से डरकर जंगल में भागोगे
तो शेर खाये बिना रहेगा क्या?
शेर से डरकर बाँबी में जाओगे,
तो साँप काटे बिना रहेगा क्या?
मृत्यु से डरकर भक्त बनोगे
तो कर्म छाये बिना रहेगा क्या?
इस प्रकार मृत्यु के ग्रास बने,
वेषधारी दंभियों को क्या कहूँ गुहेश्वर? ॥ 66 ॥

दावानल उठेगा तो उसका लक्ष्य होगा जंगल
बड़वाग्नि उठेगी तो उसका लक्ष्य होगा समुद्र
जठराग्नि उठेगी तो उसका लक्ष्य होगा तन
प्रलयाग्नि उठेगी तो उसका लक्ष्य होगा लोक
शिवशरणों के मन में कोपाग्नि उठेगी तो
उसके लक्ष्य होंगे निन्दक
आपकी मायाग्नि का लक्ष्य मैं नहीं हूँ गुहेश्वर ॥ 67 ॥

देह को मज्जन
प्राण को अन्न चाहिए ही।
जब तक होगा प्राण का संचार
यह होना ही चाहिए।
गुहेश्वर रूपी आत्मा के रहने तक
भक्ति करनी ही चाहिए ॥ 68 ॥

देह की कामनाओं पर विजय पाने से क्या हुआ
माया का मूल जाने बिना?
माया का मूल जानने से क्या हुआ
ज्ञान का मूल जाने बिना ?

ज्ञान का मूल जानने से क्या हुआ
अपने स्वस्वरूप को जाने बिना?
अपना स्वस्वरूप आप बने शरण की
क्या कोई सीमा होगी गुहेश्वर? ॥ 69 ॥

काया को ढोते हुए भटकते रहने तक
मैं जान गया यह भाव निकला झूठ।
जानना हो तो कमल-पत्र पर स्थित बूँद जैसे निर्लिप्त होकर
गुहेश्वर लिंग को जानना चाहिए, संगनबसवण्णा ॥ 70 ॥

काया रूपी मन्दिर में
जीव रूपी ईश्वर
करणेन्द्रिय रूपी पुजारी के हाथों
पूजित होना
गुहेश्वर लिंग को भाता नहीं ॥ 71 ॥

दो पाँव पहिये हैं भाई
यह काया भरी हुई गाड़ी है
भाई गाड़ी हाँक रहे हैं पाँच जन
जिनमें नहीं है तालमेल
उसकी इच्छा जाने बिना हाँकेंगे
तो गाड़ी की धुरी टूटेगी, गुहेश्वर ॥ 72 ॥

मेरे पाँव ही खम्भे बने, काया ही देव मन्दिर बनी,
जिह्वा ही घंटी बनी
सिर स्वर्ण कलश बना,
मेरे प्राणलिंग की स्थिरता भंग न हो,
ऐसा रहा मैं, हे गुहेश्वर! ॥ 73 ॥

अग्नि देवता, अंगार देवता
मारि देवी, मसणी देवता
भिखमंगा जोगी, गौरव
ऐसा बोल रहे हैं मनमाने सारा लोक

मैं आपकी पूजा कर जन्म-मरण रहित संतान होकर
शून्य में नष्ट हो गया, गुहेश्वर॥ 74॥

आग से लड़नेवाली रस्सी जैसा बना मैं
जली हुई रस्सी से फिर नहीं बना सकते रस्सी
मेरी स्थिति की रीत यह है गुहेश्वर॥ 75॥

छोटा होने से क्या हुआ या बड़ा होने से?
ज्ञान के लिए क्या छोटे-बड़े का फर्क है?
आदि-अनादि से पूर्व
अजांड ब्रह्मांड कोटि के उत्पन्न होने के पूर्व
गुहेश्वर लिंग में तुम ही अकेले एक महाज्ञानी
दिखाई पड़े, देखो, चन्नबसवण्णा॥ 76॥

'कुंडलिग' नामक कीट के जैसे
बदन को मिट्टी से अनछुआ रखा तुमने
बसवण्णा।
जल में कमल के जैसे
जल में रहकर भी जल से अनछुआ
रहा न तुम बसवण्णा
जल से बने मोती जैसे
जल स्वयं न बनकर
तुम अलग ही रहे न बसवण्णा।
गुहेश्वर लिंग का आदेश लेकर
तनगुण से उन्मत्त
ऐश्वर्य से अन्धों के धर्म को
क्या करने आए हो
हे संगनबसवण्णा?॥ 77॥

कुलमद, छलमद, विद्यामदवालों को न दिखाओ।
उनके आरूढ़ पद को मुझे न दिखाओ।
उनके गर्व गाम्भीर्य को मुझे न दिखाओ।
जो मन-निग्रह, इन्द्रिय निग्रह करके

दस वायुओं को त्यागकर
जो लिंग में लीन हुए उनको छोड़कर
अन्यों को मुझे मत दिखाओ, गुहेश्वर॥ 78॥

कच्छप के शिशु के प्रेम-सा रहना चाहिए न संगनबसवण्णा?
काक पिक संधान-सा रहना चाहिए न संगनबसवण्णा?
डाल-डाल बिना गिरे छलाँग मारनेवाले बंदर-सा
रहना चाहिए न संगनबसवण्णा?
नीर-क्षीर को भेद करने वाले हंस-सा रहना
चाहिए न संगनबसवण्णा?
गुहेश्वर लिंग में सतर्क रहे बिना
फिर उसे ढूँढ़ा जा सकता है क्या, बताओ संगनबसवण्णा?॥ 79॥

कृतयुग में श्रीगुरु शिष्य को मारकर दो थप्पड़
सिखाएँगे सबक तो मानूँगा उसे महाप्रसाद।
त्रेतायुग में श्रीगुरु शिष्य को डाँटकर
सिखाएँगे सबक तो मानूँगा उसे महाप्रसाद।
द्वापरयुग में श्रीगुरु शिष्य को डराकर
सिखाएँगे सबक तो मानूँगा उसे महाप्रसाद।
कलियुग में श्रीगुरु शिष्य को करके प्रणाम
सिखाएँगे सबक तो मानूँगा उसे महाप्रसाद।
आपके कलिकाल के नीति-नियम देख मैं
अचम्भे में पड़ा हूँ गुहेश्वर॥ 80॥

अंगारों के गिरि पर था—
एक लाक्ष का खम्भा,
लाक्ष के खम्भे पर था एक हंस
खम्भा जला, उड़ गया हंस, गुहेश्वर॥ 81॥

जहाँ हो अंगारों की वर्षा
वहाँ पानी बनना चाहिए।
जहाँ हो जलप्रलय
वहाँ वायु-सा रहना चाहिए

जहाँ हो महाप्रलय
वहाँ आकाश-सा रहना चाहिए
जहाँ हो जगत्प्रलय
वहाँ अपने आपका विलयन कर
अहं छोड़कर
स्वयं गुहेश्वर लिंग बनना चाहिए॥ 82॥

हाथ में बाँधेंगे, गले में बाँधेंगे
देह पर बाँधेंगे, सिर पर बाँधेंगे
किन्तु मन में लिंग नहीं बाँधेंगे
खोने पर लिंग आद्य प्राणघात कर लेते,
तो क्या मरना योग्य है गुहेश्वर?॥ 83॥

दिए गए घोड़े पर सवार करना न जानते, पर
दूसरा घोड़ा चढ़ना चाहनेवाले न धीर हैं न वीर।
यही कारण है, जो तीनों लोकों में जीन पीठ पर लादे
थके-माँदे फिरते हैं,
वे लोग क्या पहचानें गुहेश्वर रूपी लिंग को ?॥ 84॥

क्रिया मथन के बिना क्या
अनुभव कर सकते हैं ईख का मधुर रस?
क्रिया मथन के बिना क्या
पा सकते हैं तिल के अन्दर का तेल?
क्रिया मथन के बिना क्या
देख सकते हैं क्षीर के अन्दर का घृत?
क्रिया मथन के बिना क्या
देख सकते हैं काष्ठ के अन्दर की अग्नि?
इसलिए हमारे गुहेश्वर लिंग को अपने में
जान गए कहनेवाले महंत के लिए
अपना सत् क्रियाचरण ही साधन है॥ 85॥

क्षीरसागर में रहनेवाला हंस
क्या कामना करेगा दूध की ?

पुष्प में रहनेवाला भ्रमर
क्या कामना करेगा सुगंध की?
समुद्र में रहनेवाला मेढक
क्या कामना करेगा जल की?
भला यह सारा कैसे सम्भव है?
जो आप लिंग में हो एकमेक वह
करे कामना अन्यों की,
ऐसे भ्रमाधीनों को क्या कहूँ गुहेश्वर? ॥ 86 ॥

गगन तक क्या किसी ने सीढ़ियाँ डाली है?
वायु का स्थान किसी ने पहचाना है?
अंबुधि की गहराई को किसी ने मापा है?
लिंग का प्रमाण क्या बता सकते है?
चन्द्रमंडल, तारामंडल, सूर्यमंडल तो इस तरफ हैं
पंचमुखी, ललाट नेत्री, चतुर्भुज अणुमात्र है
एक शरण होकर गुहेश्वर रूपी महाचेतना का अस्तित्व
जान सकेंगे तो उस ओर नमन करूँगा, नमन करूँगा ॥ 87 ॥

गगन के सारे मेघ बरसने से भूमि पर
भूमि संतृप्त हुई, पौधे उग आए
बहु विकारों से उगे पौधे को
विकार से ग्रहण करनेवाले काम विकारी
लिंग को क्या जानेंगे गुहेश्वर? ॥ 88 ॥

गगन ही भाँडा,
आकाश ही पूजा जल,
चन्द्र-सूर्य दोनों पुष्प हैं, देखो भाई।
ब्रह्म धूप, विष्णु दीप, रुद्र नैवेद्य सामग्री है देखो भाई
इन्हीं से गुहेश्वर लिंग की पूजा, जानो ॥ 89 ॥

महती चित्र का रूप लिख सकने के सिवाय
क्या प्राण को लिख सकते हैं, भाई?
दिव्यागमों के अनुसार क्रियादीक्षा पाने के हैं सिवाय

क्या भक्ति कर सकते हैं, भाई?
प्राणवान भक्ति में तन्मय हो तुम
ये सारे गुण हों जहाँ, वहाँ तुम हो
न हों तो, तुम नहीं हो गुहेश्वर॥ 90॥

जिनका न हो शुद्धचित्त, स्थिर न होगा उनका मन
जिनका न हो स्थिरचित्त, शिवध्यान में टिकेगा नहीं उनका मन
जिनका मन शिवध्यान में न होगा उनकी बात होगी झूठ
गुहेश्वर लिंग को न पहचाननेवाले भ्रान्तियोगियों का मन
बेताल के समान सताएगा॥ 91॥

सोने को कसना सम्भव है निकष पर
किन्तु क्या रंग को कसना सम्भव है?
फूल को जूड़े के सिंगार में लगा सकते हैं
किन्तु क्या गंध को लगा सकते हैं?
कर्म कर सकते हैं किन्तु क्या पर वस्तु को जान सकते हैं?
गुहेश्वर कह सकते हैं किन्तु लिंग स्वयं होना कठिन है
सिद्धरामय्या॥ 92॥

जब जंगम ही बाहर हो लिंगार्चन काहे का?
प्राण को बाहर रखकर घूमनेवाली देह है क्या?
शरण आकर द्वार पर खड़े हों जब
अपने को भूलकर खड़े हुए को देखकर
हमारा गुहेश्वर लिंग क्या वार किए बिना रहेगा?॥ 93॥

जल विहीन तालाब
फल रहित बगीचा
भक्त रहित गाँव श्मशान है!
शिव नहीं हैं वहाँ, प्रेतजड़ारण्य में
क्या जा सकते हैं, गुहेश्वर?॥ 94॥

ज्योति है, पर अँधेरा भी है।
सम्पत्ति है, पर गरीबी भी है!

प्रसाद है, पर स्वीकारने पर प्रळय भी है।
गुहेश्वर है,
पर जो जानता नहीं उसे भ्रान्ति भी है॥ 95॥

तत्त्व की बात करनेवाले सभी बुजुर्ग
एक कौर खाना देनेवालों के दरवाजों पर
उनकी कृपा की प्रतीक्षा में खड़े हैं, देखो।
नित्य अनित्य की बात करनेवाले बुजुर्ग
अपने पेट के खातिर,
भक्ति की रीत न जाननेवाले
जड़जीवी के मनोनुकूल बोलकर
दुखी हो रहे हैं, देखो।
यह तो गधे पर कस्तूरी ढोने के जैसे
उन्हें और कहाँ से मुक्ति मिलेगी गुहेश्वर?॥ 96॥

तत्त्व को तुम क्या जानो?
मृत्यु के बाद तुम करोगे क्या?
आज ही अभी कुछ कर दिखाओ, भाई।
बतियाने के जैसे नहीं शिवाचार
रेशम की गाँठ जैसे यह रहस्य,
यह नहीं है रास्ते की बात
यह नहीं है गली की बात
यह एक रात की बिन्दु है!
गुहेश्वर का मिलन सुख
आज का सुख, भविष्य के लिए अनूठा है॥ 97॥

तन नंगा रहने से क्या हुआ
जबकि मन ही शुद्ध न हो?
सिर मुँड़ाने से क्या हुआ
जबकि भाव ही लय न हो ?
भस्म लगाने से क्या हुआ
जबकि इन्द्रिय गुणों को जलाएँगे नहीं?

इस प्रकार आशा व वेष के ढोंग पर
गुहेश्वर, तेरी कसम, दुत्कारूँगा॥ 98॥

तन को बगीचा बनाकर, मन की कुदाली से
भ्रान्ति की जड़ों को उखाड़कर
लौकिक ढेलों को तोड़कर
बोया है, भाई, ब्रह्मबीज।
अखंडमंडल रूपी कुआँ, पवन ही रहँटा।
सुषुम्ना नाली से पानी पटाऊँगा
पंचेन्द्रिय रूपी पाँच बैल नाश करते हैं समझ
समभाव संयम का बाड़ा लगाकर
सदा इस बगीचे में जागृत रहकर
इस पौधे का पालन किया है, गुहेश्वर॥ 99॥

तन रूपी तालाब पर मन रूपी बाँध बाँधकर
षट्विध भक्ति रूपी सोपानों का निर्माण किया हो,
परमानन्द रूपी जल भरा हो,
ऐसा तालाब बनवानेवाले किसी को नहीं देखा
मैंने जो तालाब बनाया स्थिर रहा, गुहेश्वर आपकी कसम॥ 100॥

अपने आप को जब जानोगे
तो सारे शब्द तत्त्व हैं
अपने आप को जब भूलोगे
तो सारे शब्द माया हैं
जानकर विस्मृत शिवयोगी के
सारे शब्द उपदेश नहीं तो और क्या हैं?
तेरे मन की हलचल को शान्त कर
बतियाकर देखा तो
मेरे मन में कोई मैल ही नहीं है न!
हमारे गुहेश्वर लिंग में तुम
कारुण्य शिशु होने के कारण
बताया तुम्हें, बस, द्वैत यहाँ है कहाँ बताओ?॥ 101॥

तप बाधा है, नेम नियम बंधन है।
शील तो मैल है, वचन प्राणघातक है
इस प्रकार इन चतुर्विधों में नहीं आते
गुहेश्वर, आपके शरण अतिश्रेष्ठ हैं॥ 102॥

मस्तक में पाक बनाकर सेवन करने के बजाय
चूल्हे में पाक बनाकर खाते हैं।
चूल्हे की बनाई चीज खाने तक
धुआँ बढ़ जाता है। गुहेश्वर!
इसे देखकर घृणा हुई मुझ में॥ 103॥

हे माता-पिता विहीन बेटे
तुम स्वयं जन्म लेकर हुए स्वयं बड़े।
तेरा परिणाम ही तुम्हें प्राणतृप्ति है न
भेद करनेवालों के लिए अभेद्य होकर
तुम स्वयं प्रकाशमान हो।
तुम्हारा चरित्र, तुम्हारे लिए सहज है, गुहेश्वर॥ 104॥

अखंड परतत्त्व को मन में समाकर
अखंड मन को परतत्त्व में समाकर
अपने आपमें समाने के बाद
क्या पुनः पूर्व स्थिति में आना सम्भव है?
गुहेश्वर की लीला समाप्त होने तक
ज्वाला के अन्दर कर्पूर के जैसे होना चाहिए
भाई सिद्धरामय्या॥ 105॥

मन में लिंग धारण करने के बाद
बाहर उसके लिए कोई चिह्न होगा?
पूजा करनेवाला भक्त कहाँ है?
पूजित होनेवाला देव कहाँ है?
यह पूर्वापर न समझ सका।
गुहेश्वर, 'मैं तुम, तुम मैं' होने के बाद
और क्या है बताओ तो॥ 106॥

देवलोक के देवगण मुझे
अपनों से बाहर के मानेंगे, यह सही है क्या?
सत्य सात्त्विक सद्भक्त मुझे
अपनों से बाहर के मानेंगे, यह सही है क्या?
चौदह भुवनों में वे ही रहें
मैं आप में रहा, गुहेश्वर॥ 107॥

लोक पर भरोसा कर लय होनेवालों को देखा,
काया पर भरोसा कर लय होनेवालों को देखा,
भाव पर भरोसा कर जल जानेवालों को देखा,
आप पर भरोसा कर लय हुए लोगों को नहीं देखा गुहेश्वर॥ 108॥

देह में जब देव मन्दिर हो
तो दूसरा देव मन्दिर काहे को?
इस प्रकार इन दोनों के लिए नहीं कहना चाहिए
गुहेश्वर, तुम पत्थर हो तो मैं क्या होऊँ?॥ 109॥

धरा पर जो बड़े पंडित लोग हैं।
भ्रांत होकर झूल रहे हैं, देखो।
कोहरे के मटके में रंगीन वस्तुओं को भरकर
बिना हिचक-संकोच के पकाकर खाकर
उस रंगीन वस्तुओं को बेच रहे हैं देखो।
संजीवनी की बूटी ढूँढ़े न पाकर मृत्यु के वश हुए
गुहेश्वर को न जाननेवाले ये सारे भव-भारक लोग हैं॥ 110॥

धरा पर लगे बड़े हाट की
मदद के लिए आए हुओं के बारे में क्या कहा जाय!
तरह-तरह की चीजों के व्यवहार में
न लेना हुआ न देना हुआ
वृथा क्या है यह झंझट?
भ्रांत शिव ने भ्रांत जग की सृष्टि की
उस रीति को देख चकित हो गया मैं, गुहेश्वर॥ 111॥

यदि गमन करना है तो गमन रहित गमन करो
यदि बोलना है तो बोल रहित बोल का ज्ञान न हो ऐसा बोलो
पेट पालना है तो उस पालन का भाव न हो ऐसा पालो
समागम करना है तो अविनाशी-समागम करो
गुहेश्वर! आप में व्यक्त रहना है मुझे॥ 112॥

नदी का जल, कूप का जल, तालाब का जल
यह जलराशि बड़ा, वह छोटा ऐसा नहीं समझते
अन्यान्य व्रत, वचन नेम नियमों का
अनुसरण करनेवाले शील सम्बन्धी जात्यांध जो हैं
ये आपको क्या जानें गुहेश्वर?॥ 113॥

अपने को श्रेष्ठ, अपने को श्रेष्ठ
माननेवाले बुजुर्ग हैं क्या जग में?
इनके छोटा-बड़ा मानने से क्या हुआ है लाभ जग में?
मिट जाय तो छोटे का अन्तर
वही शरण है गुहेश्वर॥ 114॥

अहं का गर्वभाव अनुभव करूँगा तो
वही मेरे लिए हानिकर है।
स्तुति-निन्दा पर होऊँगा दुखी तो
हथेली पर जो गुहेश्वर लिंग है उससे मैं होऊँगा दूर
देखो, संगनबसवण्णा॥ 115॥

मैं जो हूँ, उसका प्रमाण है।
तुम जो हो उसका प्रमाण है।
स्वयं जो है उसका प्रमाण है।
पर जो है उसका प्रमाण है।
प्रमाण जो है उसका भी प्रमाण है।
गुहेश्वर जो है अप्रमाण है!॥ 116॥

मैं देव नहीं हूँ तो क्या तुम देव हो ?
तुम देव हो तो मुझे क्यों नहीं पालते?

प्यासे हो तो एक अंजली पानी दूँगा,
भूखे हो तो एक कौर नैवेद्य दूँगा मैं,
अतः मैं देव हूँ, गुहेश्वर॥ 117॥

स्थित हो खड़े होगे तो कंचन-कामिनी माटी सहित
भक्त होकर स्थित रहना चाहिए।
गमन करना है तो कंचन कामिनी माटी को त्याग कर
जंगम-सा सीधा गमन करना चाहिए।
स्थिर होकर भक्त न हो, गमनशील होकर जंगम न हो
तो इन उभय भ्रष्टों को क्या कहा जाए,
गुहेश्वर॥ 118॥

निज से साक्षात्कार किए हुए, हे निश्चिन्त!
मृत्यु पर विजय पाए हुए महन्त,
परतत्त्व को देखे हुए महिम
परतत्त्व में समाए हुए तृप्तजीवी
शून्य में शून्य हुए आनन्दमयी
गुहेश्वर लिंग, निराकार होकर
सहज हो तुम॥ 119॥

निराकार रूपी शिशु को खिलाकर माखन
नाम धारण कर बुलाया किसने?
हाय रे यह तो शब्द की लाज है
गुहेश्वर को न जाननेवाले अनुभावियों को
खूब सताया शब्द की लाज ने॥ 120॥

ध्यान करो, ध्यान करो कहने से
क्या ध्यान करूँ?
मेरी काया ही कैलास है, मन ही लिंग है,
और तन ही शय्या है।
ध्यान करने के लिए देव कहाँ है?
देखने के लिए भक्त कहाँ है?
वह गुहेश्वर लिंग में हो गया है एकाकार॥ 121॥

तट पहुँचने तक नदी का डर रहता है न,
तट पहुँचने के बाद नदी का डर व्यर्थ है।
मन के रहते सारे कर्म का कष्ट रहता है
मन मिटने के बाद कर्म नि:कर्म होने से
चाह-अनचाह का सन्देह क्यों
हे गुहेश्वर, आपको जाने शरणों को? ॥ 122 ॥

कविता करने की इच्छा के कुछ बुजुर्ग हैं
बुद्धि के भरोसे जीने की इच्छा के कुछ बुजुर्ग हैं
समता की इच्छा लिए हुए कुछ बुजुर्ग हैं
ये सब जाने बिना अपने निजत्व को साधना में लगे हुए हैं
कपट वेष सारे निकालकर, लोभ, रोष को छोड़कर
दासोही बनेंगे तो वे स्वयं गुहेश्वर लिंग हैं ॥ 123 ॥

परमज्ञान रूपी पौधे को
गुरुभक्ति रूपी भूमि की मिट्टी लाकर बनाई क्यारी
लिंग भक्ति रूपी खाद डाला;
जंगम भक्ति रूपी पर आनन्द जल सींचा
इनके कारण भक्ति रूपी वृक्ष फला फूला
मैं गुहेश्वर लिंग मुक्त हो गया, संगनबसवण्णा ॥ 124 ॥

आनन्दों में मन का परमानन्द ही मोहक है
संगों में शरणों का संग ही मोहक है
कायाधारी होकर जन्मे तमाम मूढ़ जनों को
मृत्यु पर विजय पाने का मर्म जानना ही मोहक है।
गुहेश्वर ॥ 125 ॥

परुष की पुतली को क्या
लोहे के गहने होंगे, भाई?
लोकान्तर्गत लिंग और
लिंगान्तर्गत लोक होगा तो
अतीत के प्रलय हुए कैसे?

और भविष्य के प्रलय होंगे कैसे?
लोक लोक जैसा है।
लिंग लिंग जैसा है
इस उभय का भेद,
गुहेश्वर, आपका शरण जानता है॥ 126॥

पृथ्वी को जड़ समझनेवाले को, स्थावर आदि की पूजा क्यों करना है?
अपु को जड़ समझनेवाले को, तीर्थ स्नानादि क्यों करना है?
तेज को जड़ समझनेवाले को, होम समाधि क्यों करना है?
वायु को जड़ समझनेवाले को, ध्यान-मौन क्यों करना है?
आकाश-शब्दतत्त्व को जड़ समझनेवाले को मंत्र रूढ़ि क्यों ?
इन सबको जड़ समझनेवाले को, क्रिया, वेधि की किंकरता क्यों ?
गुहेश्वर का निजत्व समझे महात्मा को॥ 127॥

पृथ्वी में नहीं, आसमान में नहीं,
चौदहों भुवनादि भुवनों में भी नहीं
बाहर भी नहीं।
क्या हुआ इसका कोई पता नहीं।
गुहेश्वर तब भी नहीं था, अब भी नहीं है
कभी भी नहीं है॥ 128॥

दीपक भी है, बाती भी है
ज्योति जगमगाने के लिए,
जब तेल नहीं है, तो प्रभापुंज होगा कहाँ ?
गुरु है, लिंग है
शिष्य में सुज्ञानोदय जब तक न हो
भक्ति होगी कैसी ?
'सोऽहं' शब्द सुनकर जो नहीं करेगा दासोह
उसे मैं नहीं मानता गुहेश्वर॥ 129॥

प्राणलिंग को काया ही सेज है,
आकाशगंगा में ही उसका मज्जन
पुष्परहित सुगंध से उसकी पूजा

हृदय कमल में 'शिव शिव' शब्दोच्चारण है
यही अद्वैत है गुहेश्वर॥ 130॥

राहजन को, गौप्य खुलकर
मिल गई हो चोरी का माल जैसे
अन्धा खाते हुए ठोकर, पा गया हो
मन चाही चीज जैसे
जो निर्धनी धन की चाह से निकला हो
और वह ठोकर खा गया जिस पत्थर से
वहीं बन गया हो परुष जैसे
खोजने वाले को चाही चीज मिल जाती हो जैसे ही
हे गुहेश्वर, तुम जो मिल गए मुझे
यह मेरे पूर्व सुकृत का परिणाम है
इसका बखान कैसे करूँ?॥ 131॥

करने पर भी बत्तीस शस्त्रों की साधना
लड़ेंगे एक ही आयुध से एक ही दिन।
ठीक ऐसे ही स्थल कई होने पर भी
समझने का मन एक है, लिंग एक है।
वह मन उस लिंग में होकर स्थिर
स्थल का लोप होने के बाद
कोई दूसरा स्थल नहीं है,
निःस्थल नहीं है, तुम ही सत्य हो गुहेश्वर॥ 132॥

मन की इच्छा से जो आए वह अंगभोग है
इच्छा के बिना ही जो आए वह लिंगभोग है
ऐसे वचन को पढ़कर, अपने काम से आए
वेषधारियों से होकर खुश
अन्नमोह से आए को
भूख-प्यास से न तड़पे इसलिए उन्हें संतृप्त किया।
रो-धोकर चिल्लाकर अशन के लिए तरसनेवाले
अन्य भोग विषयों के लिए मर मिटनेवाले
और उसे लिंग का आदेश कहनेवाले

वेषधारियों को घोर नरक मिले बिना नहीं रहेगा,
गुहेश्वर॥ 133॥

जो ज्ञान पहुँच की सीमा में है।
जान सकते हैं उसे
जो ज्ञान पहुँच की सीमा से परे है
जान सकते हैं कैसे उसे?
क्या ज्ञान पाना आसान है?
जो ज्ञान पहुँच के बाहर है
जानना उसे असम्भव है
गुहेश्वर रूपी लिंग को न समझने पर होगा द्वैत
और समझने पर वह है अद्वैत॥ 134॥

गर्भस्थ शिशु को क्या प्रत्येक खाना
और नहाना है?
ज्ञानरूपी गर्भ में लिंग रूपी शिशु को
क्या प्रत्येक रूप से लेने-देने का विधान है?
देह से प्राण को प्रत्येक कर क्या उसका भोग कर सकेंगे?
शंका मिटाकर मन महती में मिलने के बाद
क्या भेद-भाव कर सकते हैं गुहेश्वर?॥ 135॥

न संचलन हो ऐसे जैसे तूफान, पेड़ गिराते,
संचलन हो ऐसे, जैसे शीतल पवन सुगंध बिखेरते,
संचलित होना हो तो, जंगम बनकर संचलित हो,
स्थित होना हो तो, भक्त बनकर स्थित हो,
संचलित होकर जो जंगम बनना नहीं जानता,
स्थित होकर जो भक्त बनना नहीं जानता,
ऐसे उभय भ्रष्ट हुए जनों को क्या कहें गुहेश्वर?॥ 136॥

रास्ते में पड़ा माणिक
गाड़ा हुआ निधान किसी को न दीखता है भाई।
जिनकी है मृत्यु निश्चित, क्या
उन्हें संजीवनी लभ्य होगी?

जैसे पापी की आँखों के लिए परुष पत्थर-सा दीखेगा
वैसे ही परुष होकर पत्थर-सा दिखते हैं शिवशरण।
हमारे गुहेश्वर के शरण मरुळशंकर देव
का ऐसा है व्यक्तित्व देखो संगनबसवण्णा॥ 137॥

पहाड़ को होगी सर्दी तो
उसे क्या ओढ़ाओगे?
निर्वात होगा नंगा तो
क्या पहनाओगे?
भक्त भवि बन जाए तो
उसकी क्या उपमा दोगे गुहेश्वर?॥ 138॥

मक्खन भरे मटके को चूल्हे पर रखा पिघलाने
मटका पिघला, रहा मक्खन ज्यों का त्यों।
भ्रमर था सुगंध नहीं
सुगंधी थी भ्रमर नहीं
स्वयं था किन्तु उसका स्वरूप था नहीं
गुहेश्वर था किन्तु लिंग नहीं॥ 139॥

गुड़ की गुड़िया लेकर हाथ में
उसका कहीं से भी लो चुम्बन
मीठा ही लगेगा।
नीम का फल लेकर हाथ में
उसका कितना ही मृदु चुम्बन लो
क्या वह मीठा लगेगा?
जो करते थे दावा सब विधाएँ जानने का,
उनका नामोनिशान नहीं रहा
गुहेश्वर॥ 140॥

खेती करो किन्तु गृहस्थी चलाने के लिए
अनाज न मिले तो उस खेती के लिए करें क्यों कष्ट?
क्रय-विक्रय करें किन्तु घर का खर्चा ही न चले
तो उस क्रय-विक्रय के लिए करें क्यों कष्ट?

मालिक की सेवा करे किन्तु तन को अष्टभोग
का सुख न मिले तो यों सेवा का क्यों करें कष्ट?
भक्त होकर भव नास्ति न हो
तो उस उपदेश को देनेवाला गुरु
और लेनेवाला शिष्य
इन दोनों के घर में मृत्युदेवता मारि घुस जाय
और गुहेश्वर वहाँ न घुसे॥ 141॥

माना ब्रह्म को बड़ा, ब्रह्म को निगल गई माया,
माना विष्णु को बड़ा, विष्णु को निगल गई माया,
माना रुद्र को बड़ा, रुद्र को निगल गई माया,
माना अपने को बड़ा, मुझ अपने को निगल गई माया,
यहाँ समस्त तेरी माया है।
क्या माया किसी एक को निगली थी, गुहेश्वर?॥ 142॥

भस्म का लेपन कर, नंगा रहने से क्या वह ब्रह्मचारी है?
अन्न का भक्षण कर
व्यसनों को भूल जाने से क्या वह ब्रह्मचारी है?
होकर भाव नंगा, मन दिगंबर रहे तो
गुहेश्वर, तब वह सहज निर्वाण है॥ 143॥

तीन भित्तियों पर तीन चित्र अंकित थे,
प्रथम भित्ति का चित्र चित्र जैसा था
द्वितीय भित्ति का चित्र आता-जाता रहता था
तृतीय भित्ति का चित्र, गया फिर लौट नहीं आएगा
गुहेश्वर, आपके शरण त्रिविध के उस पार होंगे॥ 144॥

भूमि तुम्हारी नहीं, कंचन तुम्हारा नहीं
कामिनी तुम्हारी नहीं
ये तो संसार की नियति है।
तुम्हारा गहना तो ज्ञानरत्न है।
ऐसे दिव्य रत्न को नष्ट न होने देकर यदि तुम
धारण करोगे तो, हे मन!

हमारे गुहेश्वर लिंग में तुमसे बढ़कर
और कौन होगा धनवान्! ॥ 145 ॥

भूमि में होकर पैदा धीरे-धीरे
बड़ा होनेवाला वृक्ष
सब जीवों को जैसे फल-रस देता है
वैसे तुम भूमि होकर, मैं होकर पौधा, हुए बड़े,
गुहेश्वर लिंग रूपी फल निकला
जो मनौती है वह रस हुई
संगनबसवण्णा से मेरा अंग शून्य हुआ ॥ 146 ॥

मंत्र सीखने से क्या हुआ?
उसका मनन किए बगैर उसकी नहीं होगी सिद्धि।
दवा जानने से क्या हुआ?
उसका प्रयोग किए बिना कोई प्रयोजन नहीं।
लिंग जानने से क्या हुआ?
उसका स्मरण किए बिना होगी नहीं सिद्धि
गुहेश्वर ॥ 147 ॥

कर मज्जन तेरा, तुमसे माँगते हैं प्रतिफल
वह प्रतिफल मिलेगा जल को, तुम्हें मिलेगा कैसे?
करके पत्र-पुष्प से तुम्हारी पूजा, माँगते हैं प्रतिफल
वह प्रतिफल मिलेगा फूल-पौधों को, तुम्हें मिलेगा कैसे?
चढ़ाकर भोग तुम्हें तृप्ति से, माँगते हैं प्रतिफल प्रसाद का
वह प्रतिफल मिलेगा अनाज-धानों को, तुम्हें मिलेगा कैसे?
लिंग की सम्पदा को अर्पित कर लिंग को ही
प्रतिफल माँगनेवाले इन अन्यायियों को क्या कहूँ गुहेश्वर! ॥ 148 ॥

मज्जन क्या करूँ तुम्हें,
तुम हो शुद्ध निर्मल देही।
पूजा क्या करूँ तुम्हें,
तुम्हें तो है गगन कुसुम की अखंड पूजा।
धूप-दीप-आरती क्या करूँ तुम्हें,

तुम हो स्वयं ज्योति-प्रकाश।
भोग क्या चढ़ाऊँ तुम्हें,
तुम हो नित्य तृप्त।
अष्टविधार्चन क्या करूँ
तुम स्पर्शातीत महत हो।
नित्य नेम क्या करूँ
तुम्हारे अनंत नाम हैं, गुहेश्वर॥ 149॥

मठ किसलिए, पर्वत किसलिए?
जन किसलिए, निर्जन किसलिए?
उस शरण को जिसका चित्त हो शान्त।
बाहर की चिन्ता, ध्यान, जप-तप किसलिए?
उस शरण को जो जानता है अपने को, गुहेश्वर॥ 150॥

मणि गिनते-गिनते व्यर्थ न करो समय,
पत्थर पूजते-पूजते व्यर्थ न करो दिन,
एक क्षण भर के लिए ही सही, करो निजपद का ध्यान
आग का जो है गुण क्या वह गरम पानी में है,
गुहेश्वर?॥ 151॥

जब मन ही लिंग हुआ
तो और किसका ध्यान करूँ मैं?
जब भाव ही ऐक्य हुआ
तो और किसे चाहूँ मैं?
जब मन का भ्रम होकर दूर
निजपद का हुआ साक्षात्कार,
तब और किसको जानना है गुहेश्वर?॥ 152॥

जब होंगे पेड़ क्या उसके पत्ते रणित हुए बिना रहेंगे?
जब होगा शरीर क्या विकारों के बिना रहेगा?
जब तक रहेगा आवागमन
सूतक दोष क्या कम होंगे गुहेश्वर?॥ 153॥

पेड़ के अन्दर की अग्नि पेड़ को जलाने के जैसा हुआ मैं,
मुक्त हवा में बहती सुगंधी नाक में भर जाने के जैसा हुआ मैं
लाक्ष के पुतले को अग्नि लगने के जैसा हुआ मैं
गुहेश्वर लिंग की पूजा कर भव रहित हो गया मैं॥ 154॥

पेड़ के अन्दर के पत्र फल
ऋतु के अधीन होकर होंगे प्रकट।
वैसे ही हर के अन्दर के प्रकृति-स्वभाव
हर भाव की इच्छा के अनुरूप होंगे प्रकट,
लीला होने पर उमापति
लीला चूकने पर स्वयंभू, गुहेश्वर॥ 155॥

मर्त्यलोक के मानवों को
देवालय में एक मूर्ति बनाते देखकर मैं चौंक गया
प्रतिनित्य अर्चना-पूजा कराके
भोग चढ़ानेवालों को देखकर मैं चौंक गया
तुम्हारे शरण ऐसी मूर्ति को पीछे रखकर चले गए गुहेश्वर॥ 156॥

मलिन देह को चाहिए मज्जन रे
निर्मल देह को काहे को चाहिए मज्जन।
विषय काहे को लिंग निष्पन्न शरण को रे
अगम्य, अगोचर, अप्रमाण गुहेश्वर तेरा शरण है॥ 157॥

महालिंग को कैसा मज्जन?
परिमलयुक्त लिंग को पत्र-पुष्प कैसे?
जगज्योति लिंग की होगी कैसी दीपारति?
अमृत लिंग को होगा कैसे भोग?
गुहेश्वर लिंग का अन्त कौन जाने?॥ 158॥

लौकिक क्रिया से ही अलौकिक को जानना चाहिए
ज्ञानबोध में विश्वास होना चाहिए
ज्ञानबोध में विश्वास आने के उपरान्त

व्यर्थ का भ्रम मिटाकर
हमारे गुहेश्वर लिंग में निजपद पाना चाहिए, मारय्या॥ 159॥

वाक् ज्योतिर्लिंग है, स्वर है परतत्त्व!
ताल-ओष्ठ्य का सम्पुट ही नाद बिन्दु कलातीत!
गुहेश्वर के शरण में कोई दोष नहीं, सुन री पगली॥ 160॥

नहाकर की पूजा ईश्वर की
कहनेवाले सन्देही मानव, सुनो तो,
क्या नहाएगी नहीं मछली?
क्या नहाएगा नहीं मगरमच्छ?
स्वयं नहाकर, जब तक नहलाओगे नहीं अपने मन को तो
इस चमत्कार की बात को मानेगा
क्या हमारा गुहेश्वर?॥ 161॥

यह कहने पर कि आगे के गाँव का रास्ता यही है जाओ
अन्धा भला क्या जानेगा, बताओ तो?
संग्राम से भागनेवाला कायर
क्या विजय पा सकेगा, बताओ तो?
जलाशय में बच्चा
क्या तैर सकेगा, बताओ तो?
गुहेश्वर रूपी अव्यक्त घनतत्त्व को
पंचेन्द्रियानुरक्त क्या जानेगा, बताओ तो?॥ 162॥

आकाश को चलाया बाण
उसे छूए बिना जाकर गिरने के जैसे
चढ़-चढ़कर फिसलनेवाले जीव
उसको जानेंगे कैसे?
कंचन कामिनी भूमि के जाल में जो हैं फँसे
उसको जानेंगे कैसे?
गुहेश्वर, आपको कैद कर
मैं हुआ स्वयं बन्दी॥ 163॥

मेघों की ओट की बिजली जैसे
निर्वात की ओट की मरीचिका जैसे
शब्द की ओट के निःशब्द जैसे
आँखों की ओट की रोशनी जैसे
गुहेश्वर, है आपका स्वरूप ॥ 164 ॥

सानी-पानी के मटके पर जैसे मक्खियाँ भिनभिनाती हैं
घास-फूस के खेत में पशुओं के रहने के जैसे
अन्न, उदक, सोना, वस्त्रों के धनी राजा के द्वार पर
बहुभाषाओं के पंडित विराजे हुए हैं
गुहेश्वर, आपके शरण आशा-पाश विरहित हैं ॥ 165 ॥

उस मेरु गिरि तक पहुँचकर कौआ
स्वर्ण-रंग का न हुआ तो
मेरु गिरि से टीला ही पर्याप्त है न!
देव, तुम्हारी पूजा करने में श्रम होगा तो
उस श्रम की पूर्व-स्थिति ही बेहतर है न!
गुहेश्वर, तुम्हारी पूजा करने के बाद भी मृत्युवश होंगे तो
तुमसे मृत्यु देवता ही पर्याप्त नहीं क्या? ॥ 166 ॥

पंगु के विवाह में बजा रहे हैं
बाजे भंड लोग
नकटी स्त्रियाँ
ले जा रही हैं आरती कलश देखो।
'भला-भला' जयघोष करते बराती
भोजन के बाद पान के लिए क्रोध कर रहे हैं यह क्या?
तीनों जगत इस प्रकार बरात बना
यह सारा गुहेश्वर को न समझने की दांभिकता है ॥ 167 ॥

रूप को देखा, निरूप को नहीं देखा
तन को देखा, आन्तर्य को न देखा
आचार को देखा, विचार को न देखा

गुहेश्वर, तुम्हारे प्रतीक को देखा
किन्तु उससे एकमेक होना न जानकर नष्ट हो गए॥ 168॥

आत्मलिंग देखने से देखनेवाला
आत्मलिंग सुनने से सुननेवाला
आत्मलिंग छूने से छूनेवाला
आत्मलिंग के आस्वाद से
आस्वादन करनेवाला
आत्मलिंग के घ्राण से घ्राण करनेवाला
आत्मलिंग क्रीड़ा करने से क्रीड़ा करनेवाला
इस प्रकार के लिंग-प्रसाद भोग में
होगा धन्य, गुहेश्वर, आपका शरण॥ 169॥

लिंगवंत को लिंग के बारे में
बोलना ही हानिकर है।
दाक्षिण्य देखो, वह शब्द दाक्षिण्य देखो
दूध से भरे घट को फोड़कर यदि बटोरना चाहे
तो क्या सम्भव है गुहेश्वर?॥ 170॥

लोक के लोगों पर प्रेत आवाहित हो तो
वे प्रेत की इच्छा के अनुरूप बोलेंगे
लांछनधारी जंगम
लोभ से क्यों हो परेशान?
हाथी का वेष पहनकर
कुत्ते जैसे भौंकनेवाले
मानवों को क्या कहोगे गुहेश्वर?॥ 171॥

वायु निद्रा करती तो आकाश लोरी गा रहा था
शून्य के सुस्ताने पर अव्यक्त ने स्तनपान कराया था
आकाश थम गया, रुक गई लोरी
गुहेश्वर है वहाँ, जैसे वह न हो॥ 172॥

ओले का पुतला जल में मिलने के जैसे
अग्नि पुरुष का घूँघट सरकाते कर्पूर के जैसे
अन्धकार में रवि का प्रकाश आने के जैसे
गुहेश्वर का शरण मडिवाळ माचिदेव की कृपा से
बसवण्णा, मैंने तुम्हें देखा
तुम्हें और मडिवाळ को तुम ही समझकर ही मैंने देखा॥ 173॥

विभूति क्या महा भूषण है?
बाघ चर्म क्या महा वस्त्र है?
खट्वांग क्या महा आयुध है?
तेरा धारण करना ऐसा है
तेरा ओढ़ना ऐसा है
तेरा आयुध ऐसा है
किन्तु तुम दोगे इन्द्रपद, गुहेश्वर॥ 174॥

वेद जो हैं ब्रह्म के ढोंग हैं
शास्त्र जो है सरस्वती के व्यर्थ का खेल हैं
आगम जो हैं ऋषि के मुग्ध खेल हैं
पुराण जो हैं पूर्वजों के व्यर्थ खेल हैं
यों इन्हें समझनेवालों का निराकरण कर
अपने सत्य में जो होगा स्थापित
गुहेश्वर लिंग में होगा शुद्ध लिंगैक्य है॥ 175॥

वेद प्रमाण नहीं, शास्त्र प्रमाण नहीं,
शब्द प्रमाण नहीं, भाई लिंग के लिए
अंग-संग के मध्य में छिपकर
जीवन बिताया गुहेश्वर, आपके शरण ने॥ 176॥

वेद पठन का विषय है
शास्त्र हाट-बाजार की खबर है
पुराण गुंडों की गोष्ठी है
तर्क मेषों का द्वन्द्व है

भक्ति, दिखाकर भोगने का लाभ है।
गुहेश्वर इन सबसे परे घन हैं॥ 177॥

वेद समझा न सकने से उजड़ गए,
शास्त्र साधना न कर सकने से उजड़ गए,
पुराण पूर्ण न हो सकने से उजड़ गए
पूर्वज अपने आपको समझे बिना उजड़ गए,
उनकी बुद्धि उन्हीं को खा गई,
ऐसे में, भला आपको कैसे समझ सकते हैं गुहेश्वर?॥ 178॥

शब्द जो है वह श्रोत्र की जूठन है,
स्पर्श जो है वह चर्म की जूठन है,
रूप जो है वह नेत्र की जूठन है,
स्वाद जो है वह जीभ की जूठन है,
परिमल जो है वह नाक की जूठन है,
मैं जो हूँ वह ज्ञान की जूठन है,
इस जूठन रूपी भेद नष्ट होने पर
ज्योतिगत प्रकाश है गुहेश्वर लिंग॥ 179॥

आडम्बरपूर्ण शब्दों के प्रयोग में निस्सीम जन
न पीछे का जानते हैं, न आगे का
अपने को तो जानते ही नहीं बिलकुल
यही कारण है कि उनके लिए तो
तीनों लोक हुए व्यर्थ गुहेश्वर॥ 180॥

शब्द, स्पर्श, रूप, रस, गंध, पंचेन्द्रिय,
सप्त धातु, अष्टमद से आगे न देखनेवालो
सुनो तो :
लिंग पर वचन-बानी लिखोगे तो क्या हुआ?
जब तक लौकिक-मोह न छूटेगा
सूक्ष्म शिवपथ का संधान सम्भव नहीं।

गुहेश्वर लिंग में भले ही तुम्हारी वाणी पकी हो
परन्तु मन पका न हो तो क्या प्रयोजन? ॥ 181 ॥

जो शब्दी है वह तरु-सा है
जो नि:शब्दी है वह पाषाण-सा है
जो क्रोधी है वह अग्नि-सा है
जो शान्त है वह जल-सा है
जो अपने को ज्ञानी मानता है
वह कुछ नहीं जान सका
जो कहता है वह कुछ नहीं जानता वह पशु-सा है
अत: जो न ज्ञानी मानता, न जानकर मानता
और ज्ञान के संकेत को नष्ट कर
गुहेश्वर रूपी लिंग के समान
रहनेवाले हैं ऐसे किसी को भी देखा नहीं ॥ 182 ॥

शिला के अन्दर जैसे पावक
जल के अन्दर जैसे प्रतिबिम्ब
बीज के अन्दर जैसे वृक्ष
शब्द के अन्दर जैसे नि:शब्द
गुहेश्वर, तुम्हारा और शरणों का सम्बन्ध है ऐसा ॥ 183 ॥

सांसारिकता रूपी लाश पड़ी है तो
उसे खाने आए कुत्तों का
झगड़ा छिड़ा है देखो जी।
कुत्तों का झगड़ा देखकर
हँस रही है लाश
गुहेश्वर रूपी लिंग वहाँ नहीं है रे! ॥ 184 ॥

यदि सती हो भक्तिन तो रजस्वला से डरना नहीं चाहिए।
यदि पति हो भक्त तो कुल से डरना नहीं चाहिए।
सती-पति का अंगसुख होकर लुप्त
लिंग ही जब बनेगा पति
तब सती का कौन पति है?

पति की कौन सती है?
दूध से बढ़कर कोई खाना है क्या
गुहेश्वर? ॥ 185 ॥

सती सहित व्रती बना बसवण्णा
व्रती होकर ब्रह्मचारी बना बसवण्णा
ब्रह्मचारी होकर भवरहित हुआ बसवण्णा
गुहेश्वर, आपमें बाल ब्रह्मचारी हुआ केवल बसवण्णा ही ॥ 186 ॥

जो जन्म-मरण के चक्र से नष्ट हुए
वे सब देवलोक चले गए
कहनेवालों की बाल-भाषा नहीं सुनी जाती
मरने के पूर्व अपने आपको जानोगे तो
गुहेश्वर रूपी देव कृपा दिखाएँगे ॥ 187 ॥

जो सत्यव्रत नहीं
वे सहस्त्र बार बोले
तो एक बार भी नहीं बोलो।
लाख बार बोले
तो एक बार भी नहीं बोलो।
करोड़ बार भी बोले
तो एक बार भी नहीं बोलो।
जला दे उन्हें, उन पर मारी देवता टूट पड़े
गुहेश्वर, जो आपके शरण नहीं है
उनके सामने मुँह भी नहीं खोलूँगा ॥ 188 ॥

सनक सनन्दादि मुनिजन सारे
भस्माँगी जन सारे
सत्यवान हैं कहना झूठ है,
नित्य हैं कहना झूठ है,
मर गए कहना सत्य है, गुहेश्वर ॥ 189 ॥

समुद्र में झाग वीची तरंगें उठने पर
क्या वे समुद्र से पृथक् हैं?
निर्विकार नित्य निरंजन निर्गुण परिपूर्ण निर्विकल्प
परब्रह्म शिव से जगत उत्पन्न हुआ कहने पर
क्या उसे शिव से पृथक् मान सकते हैं?
यह ज्ञान, आपसे प्रदत्त
सम्यक् ज्ञान से समझा जाता है गुहेश्वर॥ 190॥

मृत्युपर्यन्त शस्त्राभ्यास करोगे तो
कब है लड़ने का दिन?
जिन्दगी भर भजन करोगे तो
देव बनने का कब है दिन?
समझने तक व्याख्या करते रहोगे तो
कब है निज को पाने का दिन?
आकर कार्य निमित्त
वह कार्य पूरा होने के बाद
फिर मर्त्यलोक की परवाह क्यों करें?
मधुर रस से भरा अमृतफल
एकदम डंठी से नीचे गिरेगा
देखिए यह प्रसंग बसवण्णा, चेन्नबसवण्णा
आदि प्रमथगण गुहेश्वर लिंग में
होकर तन्मय निश्चिन्त हो गए॥ 191॥

काम-सुख से वंचित नारी वेश्या बनी
लिंग से अनभिज्ञ भक्त शीलवान लौकिकी बना
इस वेश्या को सुख है कहाँ?
इस शील का क्या कोई परिणाम है?
इन दोनों की जो दुर्गति हुई है, उसे देखो गुहेश्वर॥ 192॥

भटक-भटक कर आने से क्या हुआ?
लाख गंगा में नहाने से क्या हुआ?
मेरु गिरि की चोटी पर होकर खड़े पुकारने से क्या हुआ?

व्रत-नियमों से नित तन को दंडित करने से क्या हुआ?
जो मन करता नित सुमिरन, ध्यान
छलाँग इत उत लगाते मन को
चित्त में केन्द्रित कर सके तो
गुहेश्वर लिंग केवल शून्य का प्रकाश है ॥ 193 ॥

सृष्टि का जो पत्थर है
संगतराश से मूर्ति बना
मंत्र के लिए लिंग बना,
इनके जन्मे बच्चे को
लिंग माननेवाले
व्रतहीनों को
क्या कहा जाय गुहेश्वर? ॥ 194 ॥

स्फटिक घट जैसे अन्दर-बाहर नहीं है भाई
उसके अजीब चरित्र पर हुआ हैरान,
जहाँ देखता हूँ दिखाई दे रहा है
छूने जाता हूँ तो हाथ को नहीं लगता है
पाने जाता हूँ तो समीप, पास जाता तो
दूर ही दीखता है।
आकार निराकार को निगलकर
शून्य समाधि में लग गया है भाई
दर्शन ही से अमृतपान-सा हुआ
मिल जाय तो और कैसा रहेगा गुहेश्वर! ॥ 195 ॥

स्तुति निन्दा के प्रति होना चाहिए बहरा
परधन परस्त्री के प्रति होना चाहिए अन्धा
बातों में परब्रह्म का बखान करनेवाले कुतर्कियों
के सामने होना चाहिए शिशिर ऋतु की कोयल-सा मूक
समझने पर परतत्त्व को एक
मन में नहीं होना चाहिए सन्देह,
गुहेश्वर लिंग में अपने आपको करना चाहिए विस्मरण ॥ 196 ॥

दिन को रात और रात को दिन बनाकर
आचार को अनाचार और अनाचार को आचार में बदलकर
भक्त को भवि और भवि को भक्त बनाकर
बोलनेवालों की बात नहीं सुनी जाती गुहेश्वर॥ 197॥

हे शिव, आपके अस्तित्व को न जानकर
अष्ट विधार्चन षोडशोपचार करने का धैर्य देखो।
हे शिव, आपके श्रीमुख को न जानकर सारा पदार्थ
कर अर्पित आपको। प्रसाद को पा गए कहने का धैर्य देखो।
कृतक फल सेवन से भूख मिट गई कहे तो
कौन मानेंगे, बताओ गुहेश्वर॥ 198॥

बहती नदी को देह भर पाँव
जलती आग को देह भर जिह्वा
बहती हवा को देह भर हाथ
अतः गुहेश्वर, तेरे शरण का सर्वांग लिंगमय है॥ 199॥

लगने पर भूख क्या खा सकते हैं कपिकच्छु के फल?
राजा के उस धन का क्या लाभ
जो समय पर न आता हो काम?
सान पर घिसते हैं चन्दन
घिसता है चन्दन क्या कोई ईंट पर?
रंभा की बातें सामान्य स्त्री के लिए ठीक है क्या?
ज्ञानी के संग करेगा संवाद ज्ञानी
वरना अज्ञानी के साथ करेगा संवाद?
सरोवर के अंचल में होगा गायन कोयल का
तो तट प्रदेश के कँटीले पेड़ों पर
क्या होगा नहीं आलाप कौवे का?
ऐसा ही हुआ। संभ्रम में बाँझ गाय के दुहने दूध
जब कोई ले जाएगा भांड
गाय पाँव झाड़ेगी तो भांड फूटकर टूटा हाथ
ऐसी स्थिति हुई, गुहेश्वर॥ 200॥

भूख मिटाने भोग चढ़ाएँगे
प्यास बुझाने मज्जन करेंगे
न देव वहाँ, न भक्त, मैं भी नहीं, तुम भी नहीं हो
गुहेश्वर, पूजा करनेवाला भी नहीं,
पूजित होनेवाला भी नहीं है॥ 201॥

होगी जब तक भूख, छूटता नहीं तब तक जीवन व्यवहार।
होगी जब तक जुकाम, तब तक छूटता नहीं रोग
होंगे जब तक बातचीत, छूटता नहीं तब तक ढोंगीपन।
होगी जब तक नींद, छूटता नहीं तब तक सती संग।
इसीलिए चाहिए
भूख के लिए भिक्षा, जुकाम के लिए गूदड़,
बातों के लिए मंत्र, शयन के लिए शिवध्यान।
गुरुवचन को न माननेवालों को परतत्त्व नहीं।
इसलिए गुरु के आदेश को
न मानकर मनमाना चलनेवाले का
मुँह न दिखलाओ मुझे हे गुहेश्वर!॥ 202॥

दूध का नेम रखनेवाला बिल्ली बनकर जन्म लेगा,
चने का नेम रखनेवाला घोड़ा बनकर जन्म लेगा,
पूजा जल का नेम रखनेवाला मेढक बनकर जन्म लेगा,
पुष्प का नेम रखनेवाला भ्रमर बनकर जन्म लेगा,
ये षट्स्थल के बाहर हैं
सच्ची भक्ति जिनकी नहीं, उनसे गुहेश्वर
प्रसन्न नहीं होंगे॥ 203॥

भूत के अनंत को, भविष्य के अनंत को
एक दिन ने अपने में समा लिया।
उस एक दिन को अन्तर्गत कर
बात करनेवाले महन्त को कौन जाने?
आद्य, वेद्य और अनंत ज्ञानी जो हैं

वे लिंग के अन्त को समझे
बिना व्यर्थ ही चले गए गुहेश्वर॥ 204॥

लिंग धरनेवाले हाथ में अँधेरा है भाई,
वैसे ही देखनेवाली आँखों में अँधेरा है भाई,
सुमिरन करनेवाले मन में अँधेरा है भाई,
अँधेरा इस ओर है भाई,
गुहेश्वर वह उस ओर है भाई॥ 205॥

जन्म मूल की तृष्णा से पिंड नहीं छुड़ानेवालों को
लिंगानुभूति की बात से क्या है मतलब?
वाक् में निष्णात महंत क्या बड़े हैं!
गुहेश्वर रूपी लिंगानुभव का है जो सुख
ऐसे चंचल मनवालों को मिलेगा नहीं, कभी नहीं॥ 206॥

जन्म लेनेवालों को जन्म लेने से कब रोका?
मरनेवालों मरने से कब रोका?
प्रलय में मरनेवालों को मरने से कब रोका?
गुहेश्वर आपको जानकर आपमें
होने के बाद एकमेव
धरा पर रहनेवालों को न रहने को कब कहा?॥ 207॥

जन्म लेनेवाला मैं नहीं
मृत्यु पानेवाला मैं नहीं
क्या कहूँ मैं, कैसे कहूँ मैं
परतत्त्व से साक्षात्कार के बाद
दुबारा यहाँ आना कैसे गुहेश्वर?॥ 208॥

जो मन का झूठा है, वह भक्त नहीं
जो राग-द्वेष से पीड़ित है, वह जंगम नहीं
जो लोभी है, वह शरण नहीं

यों जो झूठ, राग-द्वेष, लोभ रहित है
वही आपका शरण है गुहेश्वर॥ 209॥

कच्चे फल को दबाकर बनाने जाओगे पका फल
तो क्या पका फल बनेगा?
परिमल रहित कली को खिलाकर जूड़े में लगाओगे
तो क्या सुगंधी निकलेगी?
शिवशरणों की महिमा दीखेगी समय आने पर,
तो हर समय दिखेगी क्या?
समय आने पर अपने आप प्रत्यक्ष होगी।
गुहेश्वर के शरणों की महिमा दीखने पर
विस्मृति, प्रकाश को देखे अन्धकार की भाँति
देखते-देखते चली जाएगी, संगनबसवण्णा॥ 210॥

फूल तोड़ने जाकर करंडिका को भूल आया
पूजा करने जाकर लिंग को भूल आया
दुष्टों के साथ मिला मधुमक्खियों के छत तोड़कर मधु को भूल आया
इन सबके स्नेह में गुहेश्वर लिंग को भूल आया॥ 211॥

पेट पर मृष्टान्न की गठरी बाँध लोगे
तो क्या भूख मिटेगी?
अंग पर लिंग करोगे धारण
तो क्या भक्त बनेगा?
रखा पत्थर लगे बाँस के झुरमुट पर
तो क्या वह कहलाएगा लिंग?
क्या वह बाँस का झुरमुट भक्त बनेगा?
रखनेवाला गुरु बनेगा?
ऐसे लोगों को देखकर लज्जित हो जाऊँगा, गुहेश्वर॥ 212॥

केवल प्रातःकाल को करो न पूजा भाई
केवल शाम को करो न पूजा भाई
रात और दिन बिताकर
करनी है पूजा भाई

ऐसी निरुपाधिक पूजा करनेवालों को
मुझे दिखाओ, गुहेश्वर॥ 213॥

सोना तौलनेवाला तराजू का मूल्य
सोने के बराबर है क्या?
सामरस्य का दम्भ भरनेवाले
अपने वचनों से शरमाते नहीं हैं, देखो!
सेंध मारते व्यर्थ घिसे लोहे की भाँति
अतीत में गए बुजुर्ग लोग
लिंग का ज्ञान नहीं रखते भाई।
तब कौन बता सकेंगे, बताओ, गुहेश्वर? ॥ 214॥

अर्थ निर्देश

गुरु

गुरु को सामान्यत: स्पर्श-मणि की उपाधि दी गई है; जो लौह समान शिष्य को अपने स्पर्श से कंचन बना देता है। लिंगायत के अनुसार गुरु ज्योति-स्वरूप होता है और जब शिष्य को अनुगृहीत करता है तो शिष्य में ज्योति जगाता है, अपने समान शिष्य को भी ज्योतिर्मय बना देता है। दीक्षागुरु, शिक्षागुरु और मोक्षगुरु के रूप में गुरु के तीन आयाम होते हैं। लिंगायत में ज्ञान प्राप्ति के बाद गुरु-शिष्य समान होते हैं।

लिंग

लिंग का तात्त्विक अर्थ परतत्त्व, सच्चिदानन्द स्वरूप दीक्षा देते समय, गुरु भक्त को लिंग देता है। मन्दिर में स्थापित लिंग को लिंगायत स्थावर कहते हैं, जो जड़ है इसलिए उसकी आराधना तिरस्कृत है। इष्टलिंग पूजा शिवयोग या लिंगांग सामरस्य कहलाती है।

जंगम

जंगम जीव उन्मुक्त होते हैं और भक्तों को आध्यात्मिक और विवेक साधना में मार्गदर्शन करते हुए पर्यटन करते रहते हैं। जंगम चैतन्य, चलनशील, परिवर्तनशील समाज का प्रतीक भी है।

प्रसाद

गुरु लिंग या जंगम का दिया हुआ सब कुछ प्रसाद अर्थात् पवित्र है, स्वीकार योग्य है। व्यक्ति जो भोग रहा है उसे यदि इस समाज का दिया हुआ मानता है, तो वस्तु योग की पवित्रता बढ़ती है। प्रसाद का शाब्दिक अर्थ भी देवार्पित वस्तु है।

दासोह

विनयभाव से प्रामाणिक परिश्रम करना और अर्जित धन या वस्तु को अधिक संग्रह न कर सामाजिक हित के लिए देना दासोह है। इसमें देनेवाला अहम से मुक्त है और लेनेवाला हीनभाव से मुक्त है।

अष्टावरण

आध्यात्मिक क्षेत्र में शिवयोग के सत्-चित्-आनन्द की प्राप्ति के लिए भक्त के लिए अष्टावरण का आयोजन किया गया है। साधना के लिए भक्त की अष्ट-आवरणों के रूप में ये तत्त्व भक्त की रक्षा करते हैं। ये हैं—गुरु, लिंग, जंगम, पादोदक, प्रसाद, विभूति, रुद्राक्षी, मंत्र।

पंचाचार

भक्त की साधना के लिए पँच आचारों का निश्चय किया गया है। वे हैं—लिंगाचार, सदाचार, शिवाचार, भ्रत्याचार और गणाचार।

षट्स्थल

शिवयोग साधना में भक्त के विकास के लिए छह आयामों का आयोजन है, जो इस प्रकार है—भक्तस्थल, माहेश्वरस्थल, प्रसादीस्थल, प्राणलिंगि स्थल, शरणस्थल और ऐक्यस्थल।

तात्त्विक दृष्टि से अष्टावरण अध्यात्म की पंचाचार समाजमुखी आचार संहिता या संविदा का द्योतक है। षट्स्थल साधना ऊर्ध्वमुखी विकास की यात्रा है।

इसी लेखक के और भी प्रकशित ग्रन्थ

हिन्दी

(1) अधूरे शब्द (कविता संकलन)
(2) आधुनिक हिन्दी काव्य प्रकाश (सं.)
(3) संतों और शिवशरणों के काव्य में सामाजिक चेतना
(4) शरण और संत : सामाजिक चिन्तन
(5) बारहवीं सदी की कवयित्री : अक्क महादेवी और स्त्री विमर्श, (राधाकृष्ण दिल्ली)
(6) बसवेश्वर : काव्य शक्ति और सामाजिक शक्ति : (लोकभारती, इलाहाबाद)
(7) वचन साहित्य और संत साहित्य का समाज शास्त्र (राजपाल, दिल्ली)
(8) शिवयोगी सिद्धरामेश्वर
(9) बसवादि शरणों के साहित्य की सामाजिक चेतना
(10) बारहवीं सदी की कवयित्रियाँ और स्त्री विमर्श (राधाकृष्ण, दिल्ली)
(11) बसवेश्वर : समता की ध्वनि
(12) चन्नबसवण्णा : ज्ञान की निधि
(13) अल्लम प्रभु : प्रतिभा का शिखर
(14) सिद्धरामेश्वर : व्यक्ति-कृति
(15) मोकिंगे मारय्या-मोकिंगे महादेवी
(16) हड़पद अप्पण्णा-लिंगमा
(17) आय्दक्की मारय्या-आय्दक्की लक्कम्मा
(18) उरिलिंग पेद्दी-काळव्वे
(19) वचन चिन्तन
(20) गांधीगिरी

कन्नड़ से अनूदित

(21) सिद्धरामेश्वर के चुने हुए १०८ वचन (अनु.)
(22) बसव चेतना (अनु.)
(23) चन्द्रगिरि के किनारे कन्नड़ उपन्यास, किताब घर-दिल्ली
(24) हिन्दी-कन्नड़-हिन्दी संवाद पुस्तक
(केन्द्रीय हिन्दी निदेशालय, दिल्ली)

कन्नड़ ग्रन्थ

(25) मुवत्तैदु कवनगळु, (काव्य)
(26) इन्नष्टु कवनगळु (काव्य)
(27) हुलु मेलिन हनिगळु, (लघु कविताएँ)
(28) कौदि (काव्य)
(29) कबीरदासरू (कर्नाटक साहित्य अकादमी, बेंगळोर)
(30) शिवशरण पाटिल जवळी : व्यक्ति - कृति (सं)
(31) दासोह (सं.) रंग शिबिर स्मरणिका
(32) अध्यक्षीय भाषण (जिल्हा कन्नड़ साहित्य परिषद, बीदर)
(33) महिला वचन (सं.)
(34) शब्दद बेडगु (सं.)
(35) शरणरू हागु संतर सामाजिक काळजी
(कन्नड़ साहित्य परिषतू, बेंगलोर)
(36) शरणरू हागु संतर आदर्श समाज
(प्रसारांग गुलबर्गा विश्वविद्यालय)
(37) चुळुकादिरय्या काव्य)
(38) शरणु शरणार्थी गजलगळु (काव्य)
(39) मूवत्तक्के मुनुरू (काव्य)
(40) हाडुगळु उळदाव (काव्य)
(41) बेऊ-बेल्ल (काव्य)
(42) शरणेयरू हागू महिळा सम्पन्नमूल (सं)
(43) शरण साहित्य मत्तु संत साहित्य : जनपर चिन्तनेगळु

(44) जगदगल मुगि लगल
(45) दारी दीपगळु

हिन्दी से अनूदित

(46) समकालीन पंजाबी कवितेगळु
(सं. कर्नाटक साहित्य अकादमी बेंगलोर)
(47) कोगिले अळुतिदे (अनु.) 200 पंजाबी कविताएँ
(48) सौन्दर्य शास्त्र (अनु.) कर्नाटक ललित कला अकादमी, बेंगलोर
(49) ओदी अळुवदु (अनु.)
(50) सफदर हाश्मियवर मक्कळ नाटकगळु (अनु.)
(51) रामजी जागृतनाद (अनु. एनबीटी, दिल्ली)
(52) गजल घलु घलु
(53) रंगु रंगीन गजलगळु
(54) गजलोत्सव
(55) बिरुगाळिगके शान्तरागिरी
(56) पंत अवर कवितेगळु
(57) दिनकर अवर कवितेगळु
(58) अज्ञेय अवर कवितेगळु
(59) महादेवी वर्मा अवर कवितेगळु
(60) उमाशंकर जोशी अवर क़वितेगळु
(61) रघुवीर सहाय अवर कवितेगळु
(62) अंबेडकर कवितेगळु
(63) पाश् अवर कवितेगळु
(64) अँधेर नगरी-कुरूडर आने
(एरडु हिन्दी नाटकगळु)

कन्नड़

(65) सतिये साकियाद कविसमय
(66) लंडन् डाट काम (यात्रा अनुभव)

(67) वचन विचारोत्सव

(68) गांधी जीवन मौल्यगळु

(69) ऐसिरी ऐनूरू हनिगळु

(70) साविरद हनिगवितेगळु

(71) आयद 71 कन्नड़ गजलुगळु

(72) आयद 71 कन्नड़ कवितेगळु

(73) आयद 71 हिन्दी कवितेगळु

(74) आयद 71 अनुवाद कवितेगळु